Mein Liederbuch

2

Oekumene heute

Notenausgabe

tvd 9100.1

Redaktion

Eckart Bücken, Texter, Referent für kulturelle Bildung
Christoph Lehmann, Musiker
Hans-Jürgen Netz, Texter, Sozialpädagoge
Thomas Quast, Musiker, Komponist
Uwe Seidel, Pfarrer
Diethard Zils, Dominikanerpater

Fotos

Conrad Contzen (B 128, B 167, B 234)
epd-bild / Langrock (D 28)
Oswald Kettenberger (C 25)
Hilde Körnig (D 49)
Wolfgang Poeplau (A 37)
Michael Schwarz (B 198)
Marcus Werners (C 40, C 62)

Zusammenstellung des Textteils: Uwe Seidel
Notensatz, Produktionsleitung: Christoph Lehmann

Druck: Satz & Druck Contzen, Lünen

Parallel zu dieser Notenausgabe erscheint eine **Textausgabe** im Format DIN A 6, in der die Noten der Lieder nicht enthalten sind. Alles andere ist mit dieser Ausgabe identisch.
Bestellnummer der Textausgabe: tvd 9100.2 (ISBN 3-926512-21-0)

Trotz redlicher Bemühungen konnten nicht alle Autoren und Rechtsinhaber der in diesem Buch abgedruckten Texte und Lieder ermittelt werden. Wir bitten deshalb die Betroffenen, sich mit dem tvd-Verlag in Verbindung zu setzen, damit nachträgliche Vereinbarungen getroffen werden können.

tvd **tvd-Verlag GmbH, Parkstraße 20, Postfach 32 11 11, 4000 Düsseldorf 30**

1.-10.Tausend Januar 1992

ISBN 3-926512-20-2

Oekumene heute

Genau 10 Jahre nach Erscheinen unseres ersten Liederbuchs „für heute und morgen“ freuen wir uns, nun einen Nachfolger vorstellen zu können.

„**Oekumene heute**“: das bezeichnet natürlich zunächst unser Anliegen, den Blick auf das Gemeinsame statt auf das Trennende der beiden großen Konfessionen zu richten. Bei der Auswahl der Lieder haben wir vor allem nach solchen Liedern gesucht, die in beiden Kirchen bekannt und beliebt sind, und die eine „Verschwisterung“ der beiden Seiten fördern können. Im A-Teil der alten Lieder haben wir überwiegend auf die Text-Versionen des katholischen Gesangbuchs „Gotteslob“ zurückgegriffen, bei denen es in überzeugender Weise gelungen ist, die alten Formulierungen mit großem Respekt vor dem Original unserem heutigen Sprachgebrauch anzunähern.

„**Oekumene heute**“: das bedeutet aber nicht weniger das Bestreben, den Blick über den Tellerrand des deutschen, des europäischen, ja des christlichen Kulturerbes hinauszulenken. Das spiegelt sich vor allem in den „Texten zum Beten und Nachdenken“, bei den vielen Texten und Liedern vor allem aus niederländischen Gemeinden, auch bei den Denkanstößen in den Tages-Liturgien, die auf die jüdische Tradition Bezug nehmen. Das zeigt sich auch in der großen Zahl von Liedern, die aus anderen Ländern stammen, und die vor allem durch die Übersetzungen des Paters Diethard Zils bei uns teils schon bekannt geworden sind, zum anderen Teil noch ihre Ent-Deckung erwarten. Auch die Gesänge aus der konfessions-übergreifenden Christengemeinschaft in Taizé sind in diesem Zusammenhang wichtig und nötig.

Da ist es nun, „**Mein Liederbuch 2 - Oekumene heute**“. Wir wünschen ihm die gleiche freundliche Aufnahme in den Gemeinden und Schulen, den Gruppen und Kreisen, die schon dem ersten Liederbuch zuteil werden durfte. Uns allen wünschen wir, daß es in unserer Gesellschaft, die im partnerschaftlichen Miteinander der Völker und Kulturen ihre Zukunft suchen und finden wird, ein wenig für den Geist des Friedens und der Versöhnung zu werben vermag.

Advent: „Anfang einer besseren Welt“

Eingangslied

Im Namen des Vaters und des Sohnes und des heiligen Geistes. **Amen.**
Unsere Hilfe kommt von Gott, unserem Herrn, der Himmel und Erde gemacht hat.

Fürchte dich nicht, Maria, du wirst ein Kind empfangen:
dem sollst du den Namen Jesus geben. *Lukas 1, 30b-31*

Meine Seele preist voll Freude den Herrn,
mein Geist ist voll Jubel über Gott, meinen Retter.

Denn der Mächtige hat an mir Großes getan,
und sein Name ist heilig.

Er schenkt sein Erbarmen von Geschlecht zu Geschlecht
allen, die ihn fürchten und ehren.

Sein starker Arm vollbringt gewaltige Taten:
er macht die Pläne der Stolzen zunichte.

Er stürzt die Mächtigen vom Thron
und bringt die Armen zu Ehren.

Er beschenkt mit seinen Gaben die Hungrigen,
die Reichen aber schickt er mit leeren Händen fort.

aus dem Magnificat Lukas 1: d.z.

Ehre sei dem Vater und dem Sohn und dem Heiligen Geist,
wie es war am Anfang, jetzt und alle Zeit,
und von Ewigkeit zu Ewigkeit. Amen.

Lied - Erzählung / Meditation / Ansprache / Unterweisung - **Lied**

Gebet: Alle, die leben, warten auf dich. Tu auf deine Hand, und wir werden gesättigt. Wende dich nicht ab und laß uns nicht sterben. Laß uns nicht fallen zurück in den Staub. Sende deinen Geist, und wir werden neu geschaffen. Entflamme unser Leben, sende deinen Geist.

Huub Oosterhuis

Vaterunser

Segen: Segne uns, Gott, daß dein Friede lebe in unseren Herzen,
daß dein Friede spreche aus unserm Mund,
daß dein Friede fahre in unsere Hände und Schalom sei für alle
von dir, unserm Gott, dem Vater, dem Sohn, dem Heiligen Geist. Amen.

Huub Oosterhuis

Weihnachtszeit: „Licht sein“

Eingangslied

Im Namen des Vaters und des Sohnes und des heiligen Geistes. **Amen**.
Unsere Hilfe kommt von Gott, unserem Herrn, der Himmel und Erde gemacht hat.

Mache dich auf, werde licht, denn dein Licht kommt,
und die Herrlichkeit des Herrn geht auf über dir. *Jesaja 60, 1*

Laß los, die du mit Unrecht gebunden.
Laß frei, die du in Ketten gelegt.

> Befreie die, die du belastest.
> Reiß alles nieder, was deinen Nächsten niederdrückt.

Brich dem Hungrigen dein Brot,
und der im Elend haust, dem baue ein Haus.

> Wenn du einen in Lumpen siehst,
> dann kleide ihn mit deiner Güte.

Wenn du einen verloren gehen siehst,
umhülle ihn mit deiner Liebe.

> Entzieh dich ihm nicht,
> zieh ihn heraus aus dem Elend.

Dann wird ein Licht aufleuchten wie in der Morgenröte,
und alles wird heil auf der Erde.

> Deine Gerechtigkeit wird wie ein Lauffeuer vor dir her eilen
> und die Liebe Gottes dir den Rücken stärken.

nach Jesaja 58, 6-9: u.s.

Ehre sei dem Vater und dem Sohn und dem Heiligen Geist,
> **wie es war am Anfang, jetzt und alle Zeit,**
> **und von Ewigkeit zu Ewigkeit. Amen.**

Lied - Erzählung / Meditation / Ansprache / Unterweisung - **Lied**

Gebet: Laß uns doch sehen, wenigstens für einen Augenblick, in dieser Nacht, in diesen Tagen der Weihnacht, daß das Unmögliche möglich ist, daß wir, wie alt und groß wir auch sind, klein werden können und wiedergeboren, daß das geschehen kann: „Friede auf Erden“, die Angst beschworen, der Hunger gestillt, Recht getan, Feude geteilt von Mensch zu Mensch. Treibe die Zeit an und richte deine Zukunft auf.

Huub Oosterhuis

Vaterunser

Segen:

Gesegnet, die Gott loben. Gesegnet, die Gott lieben.
Gesegnet, die Gott leben. Gesegnet, die glauben
dem Vater, dem Sohn, dem Heiligen Geist. Amen. *d.z.*

Jahresanfang: „Gottes Güte“

Eingangslied

Im Namen des Vaters und des Sohnes und des heiligen Geistes. **Amen.**
Unsere Hilfe kommt von Gott, unserem Herrn, der Himmel und Erde gemacht hat.

Denn bei dir ist der Quell des Lebens.
In deinem Licht sehen wir Licht. *Psalm 36, 10*

Jahwe, bis zum Himmel reicht deine Güte,
deine Treue bis zu den Wolken.

Deine Gerechtigkeit ist wie Gottesberge,
und dein Recht reicht bis in die Urflut.

Wie gut ist deine Güte, Gott,
die Menschenkinder lagern sich im Schatten deiner Flügel.

Mit dem Bach deiner Seligkeiten tränkst du sie,
denn bei dir ist der Quell des Lebens.

Setze fort deine Güte für die, die dich kennen,
deine Gerechtigkeit für die Aufrichtigen von Herzen.

Laß mich nicht unter die Räder kommen,
unter die Füße der Stolzen,
und reiß mich aus den Händen der Schufte.

nach Psalm 36: u.s. + d.z.

Ehre sei dem Vater und dem Sohn und dem Heiligen Geist,
wie es war am Anfang, jetzt und alle Zeit,
und von Ewigkeit zu Ewigkeit. Amen.

Lied - Erzählung / Meditation / Ansprache / Unterweisung - **Lied**

Ein Friedensgruß: Ich wünsche dir Augen, die die kleinen Dinge des Alltags wahrnehmen und ins rechte Licht rücken. Ich wünsche dir Ohren, die die Schwingungen und Untertöne im Gespräch mit anderen aufnehmen. Ich wünsche dir Hände, die nicht lange überlegen, ob sie helfen und gut sein sollen. Ich wünsche dir zur rechten Zeit das richtige Wort. Ich wünsche dir ein liebendes Herz, von dem du dich leiten läßt, damit überall, wo du bist, der Friede einzieht.

Richard Schatzhauer

Vaterunser

Segen:

Stimme in uns, Wort, uns voraus, Atem, der uns beflügelt:
Segen von Gott, dem Vater, dem Sohn, dem Heiligen Geist.

d.z.

Passionszeit: „Verlassen sein“

Eingangslied

Im Namen des Vaters und des Sohnes und des heiligen Geistes. **Amen.**
Unsere Hilfe kommt von Gott, unserem Herrn, der Himmel und Erde gemacht hat.

Ich tilge deine Missetat wie eine Wolke und deine Sünde wie den Nebel. Kehre dich zu mir, denn ich erlöse dich. *Jesaja 44, 27*

Gott, warum sind wir so oft von dir und den Menschen verlassen?
Erinnere dich an die, die du erlöst hast mit deiner Liebe.

Wie lange sollen die Spötter noch spotten,
und die Mächtigen machen, was sie wollen?

Erinnere dich deiner großen Taten,
als du führtest aus Sklaverei und Not und Tod.

Du hast das Meer gespalten durch deine Kraft,
du hast dein Volk vor den Feinden gerettet.

Dein ist der Tag und dein ist die Nacht; erinnere dich:
du hast einen Bund fürs Leben mit uns geschlossen.

Mache dich auf, Gott, und nimm unser Leben in dein Hände.
Dein ist der Tag und dein ist die Nacht, dein ist alles, was lebt.

nach Psalm 74: u.s.

Ehre sei dem Vater und dem Sohn und dem Heiligen Geist,
wie es war am Anfang, jetzt und alle Zeit,
und von Ewigkeit zu Ewigkeit. Amen.

Lied - Erzählung / Meditation / Ansprache / Unterweisung - **Lied**

Denkanstoß:

Wir haben ihn festgenagelt auf seinen Versprechungen.
Ein Kreuz, ein Hammer, vier Nägel, das genügt.
Nun muß er sein Versprechen halten, uns zu retten.

Lothar Zenetti

Vaterunser

Segen:

Der Segen unseres Gottes,
allmächtig in seiner Herrlichkeit,
aber ohnmächtig wie Jesus im Schicksal des Kreuzes,
komme auf euch herab;
und immer sei mit euch der Vater, der Sohn und der Heilige Geist.

d.z.

Osterzeit: „Aufstehen und leben“

Eingangslied

Im Namen des Vaters und des Sohnes und des heiligen Geistes. **Amen**.
Unsere Hilfe kommt von Gott, unserem Herrn, der Himmel und Erde gemacht hat.

Jesus spricht: Ich bin die Auferstehung und das Leben.

Johannes 11, 25

Das könnte den Herren der Welt ja so passen,
wenn erst nach dem Tode Gerechtigkeit käme,
erst dann die Herrschaft der Herren,
erst dann die Knechtschaft der Knechte vergessen wäre für immer.
Das könnte den Herren der Welt ja so passen,
wenn hier auf der Erde stets alles so bliebe,
wenn hier die Herrschaft der Herren,
wenn hier die Knechtschaft der Knechte so weiterginge wie immer.
Doch ist der Befreier vom Tod auferstanden,
ist schon auferstanden und ruft uns jetzt alle
zur Auferstehung auf Erden, zum Aufstand gegen die Herren,
die mit dem Tod uns regieren. *Kurt Marti*

Ehre sei dem Vater und dem Sohn und dem Heiligen Geist,
wie es war am Anfang, jetzt und alle Zeit,
und von Ewigkeit zu Ewigkeit. Amen.

Lied - Erzählung / Meditation / Ansprache / Unterweisung - **Lied**

Denkanstoß:

Tote Seelen werden lebendig. Hilflose helfen, Stumme reden, Blinde sehen Möglichkeiten. Unbewegliche kommen in Bewegung. Ängstliche stürzen sich in Vorhaben. Anonyme machen sich einen Namen. Die Passiven packen mit an. Die mit den Ausreden reden sich Mut ein. Unsichtbare lassen sich sehen. Fernstehende treten näher. Die sonst nie kommen, sind alle da. Selbst Karteileichen werden lebendig. Und alle feiern wir Auferstehung. *Lothar Zenetti*

Vaterunser

Segen:

Gottes Volk auf dem Weg.
Niemand ist allein, mit uns sein Segen:
der „ich-bin-da“ für immer und alle Zeit -
sein Wort, das trägt, seine Hand, die heilt,
Vater, Sohn und Heiliger Geist. *d.z.*

Pfingstzeit: „Lebendige Liturgie“

Eingangslied

Im Namen des Vaters und des Sohnes und des heiligen Geistes. **Amen.**
Unsere Hilfe kommt von Gott, unserem Herrn, der Himmel und Erde gemacht hat.

Sie waren täglich einmütig beieinander, brachen das Brot und lobten Gott - und fanden Wohlwollen bei allen Menschen.

Apostelgeschichte 2, 46-47

Ich will den Herrn allezeit preisen,
immer sei sein Lob in meinem Mund.

Meine Seele rühme sich des Herrn,
die Armen sollen es hören und sich freuen.

Ich suchte den Herrn, und er hat mich erhört,
er hat mich all meinen Ängsten entrissen.

Wer ist der Mensch, der das Leben liebt
und gute Tage zu sehen wünscht?

Bewahre deine Zunge vor Bösem
und deine Lippen vor falscher Rede!

Meide das Böse und tu das Gute,
suche Frieden und jage ihm nach!

Der Gerechte muß viel leiden,
doch allem wird der Herr ihn entreißen.

Er behütet all seine Glieder,
nicht eines von ihnen wird zerbrochen. *aus Psalm 34*

Ehre sei dem Vater und dem Sohn und dem Heiligen Geist,

wie es war am Anfang, jetzt und alle Zeit,
und von Ewigkeit zu Ewigkeit. Amen.

Lied - Erzählung / Meditation / Ansprache / Unterweisung - **Lied**

Denkanstoß: Inzwischen angepaßt

Schon lange sind die Jahre vorbei, in denen die Kirche in Zelten lebte, jederzeit zum Aufbruch bereit. *Hubert Röser*

Vaterunser

Segen:

Es segne uns Gott mit seinem Atem, der lebendig macht,
mit seinem Wort, das neue Wege erschließt,
mit seiner Luft, die uns bergend umspielt.
Segne uns du, der Vater und der Sohn und der Heilige Geist. Amen.

d.z.

Sommerzeit: „Bewahrung an Leib und Seele“

Eingangslied

Im Namen des Vaters und des Sohnes und des Heiligen Geistes. **Amen**.
Unsere Hilfe kommt von Gott, unserem Herrn, der Himmel und Erde gemacht hat.

Danket dem Herrn, denn er ist freundlich
und seine Güte währet ewiglich. *Psalm 107, 1*

So sollen die sagen, die mit Schiffen auf dem Meere fuhren,
die den Herrn erfahren haben auf den großen Wassern,

wenn er sprach und einen Sturmwind erregte,
der die Wellen hob, daß ihre Seelen erzitterten,

die dann zu Gott riefen in ihrer Not,
und er errettete sie aus allen Ängsten.

Der Boden schwankte unter unseren Füßen,
wir taumelten und wankten und wußten keinen Rat mehr.

Wir wollen dir danken, weil du uns erlöst hast, und uns zusammengebracht hast von Osten und Westen, von Norden und Süden.

Die umherirrten in der Welt auf unebenen Wegen
und fanden keinen Ort, an dem sie leben konnten,

die hungrig und durstig waren nach Leben,
aber ihre Seele verschmachtete,

die dann zu Gott riefen in ihrer Not,
und er errettete sie aus allen Ängsten,

und führte sie den richtigen Weg in die Stadt, in der sie wohnen konnten,

die sollen Gott danken für seine Güte und für seine Wunder,
die er an den Menschenkindern tut. *nach Psalm 107: u.s.*

Ehre sei dem Vater und dem Sohn und dem Heiligen Geist,

wie es war am Anfang, jetzt und alle Zeit,
und von Ewigkeit zu Ewigkeit. Amen.

Lied - Erzählung / Meditation / Ansprache / Unterweisung - **Lied**

Gebet: Heiliger Gott, unsterblicher Gott, sei mit uns, laß uns nicht vergehen. Was ist der Himmel für mich ohne dich? Gib deinen Namen uns, ein Lebenszeichen. Was soll ich auf Erden, wenn du nicht bist? Sei uns gnädig, sei unser Atem, sei unser Blut, sei unsere Zukunft, sei unser Vater. *Huub Oosterhuis*

Vaterunser

Segen:

Laßt euch ein auf das Abenteuer Gott. Er schenke euch die Kraft jenes Glaubens, der Berge versetzt. Er sei bei euch alle Tage und Nächte, der Stürme stillt und Ängste nimmt, der Vater, der Sohn und der Heilige Geist. *u.s.*

Herbst, Erntedank: „Das Lob der Schöpfung“

Eingangslied

Im Namen des Vaters und des Sohnes und des heiligen Geistes. **Amen.**
Unsere Hilfe kommt von Gott, unserem Herrn, der Himmel und Erde gemacht hat.

Solange die Erde steht, soll nicht aufhören Saat und Ernte, Frost und Hitze, Sommer und Winter, Tag und Nacht. *1. Mose 8, 22*

Gott, ich lobe dich, ich will dir singen und beten,
von deiner Treue will ich erzählen.

Du hast mit uns einen Bund geschlossen, du hast geschworen:
Ich will euch Menschen festen Grund geben für euer Leben.

Die Himmel werden deine Wunder preisen
und deine Gemeinden deine Treue besingen.

Ich habe euch berufen,
habe euch gesalbt mit meiner Güte.

Himmel und Erde sind dein,
niemand darf sie antasten, keiner sie zerstören.

Meine Hand soll euch erhalten,
und mein Arm soll euch stärken.

Gerechtigkeit und Recht sind deine Stärke,
Gnade mit Mensch und Tier gehen vor dir her.

Die Schöpfung spielt dir das Lob der Ewigkeit,
und wir klammern uns an deine Treue, die die Himmel überspannt.

nach Psalm 89: u.s.

Ehre sei dem Vater und dem Sohn und dem Heiligen Geist,
wie es war am Anfang, jetzt und alle Zeit,
und von Ewigkeit zu Ewigkeit. Amen.

Lied - Erzählung / Meditation / Ansprache / Unterweisung - **Lied**

Denkanstoß:

Den Sonnenschein zu fangen mußt du die Hände offen halten. Denn wenn du sie zu Fäusten ballst, wird Dunkel in der Höhlung sein und nichts als Leere.

Tilly Boesche-Zacharow

Vaterunser

Segen:

Unsere Augen seien Kinderaugen, die die Wahrheit sehen.
Unsere Herzen seien Kinderherzen, die noch lieben können.
Unsere Träume seien Kinderträume, die das Paradies ersehnen.
Das verbürge uns dein Segen, Vater, Sohn und Heiliger Geist.

d.z.

Besinnung: „Umkehr zum Leben"

Eingangslied

Im Namen des Vaters und des Sohnes und des heiligen Geistes. **Amen.**
Unsere Hilfe kommt von Gott, unserem Herrn, der Himmel und Erde gemacht hat.

Meine Seele wartet auf den Herrn von einer Morgenwache bis zur anderen. *Psalm 130, 6*

Sag ja zu mir, wenn alles nein sagt,
weil ich so vieles falsch gemacht.

Wenn Menschen nicht verzeihen können,
nimm du mich an trotz aller Schuld.

In Jesus ist uns Heil gegeben,
denn er war ganz für andre da.

An ihm muß ich mein Leben messen,
doch oft setz ich allein das Maß.

Gib mir den Mut, mich selbst zu kennen,
mach mich bereit zu neuem Tun.

Und reiß mich aus den alten Gleisen:
ich glaube, Herr, dann wird es gut.

Denn wenn du ja sagst, kann ich leben,
stehst du zu mir, dann kann ich gehn,

dann kann ich neue Lieder singen
und selbst ein Lied für andre sein. *nach Psalm 51: d.z.*

Ehr sei dem Vater und dem Sohne
und ebenso dem Heilgen Geist,

wie es zu aller Zeit gewesen,
so soll es sein in Ewigkeit.

Lied - Erzählung / Meditation / Ansprache / Unterweisung - **Lied**

Gebet:

Bring uns zur Besinnung, ruf unsre Namen - denn du bist der einzige, unser Gott. Mach Menschen aus uns, die nicht mehr hassen, nicht mehr töten. Mach heute noch Menschen aus uns, wenn du kannst.

Huub Oosterhuis

Vaterunser

Segen:

Vater, breite über uns deine Hände aus.
Jesus, geh unsern Weg mit und führ uns nach Haus.
Geist, atme in uns und mach uns frei,
daß, Gott, dein Segen bei uns sei. *d.z.*

Ende des Kirchenjahres: „Gott nah und fern“

Eingangslied

Im Namen des Vaters und des Sohnes und des heiligen Geistes. **Amen.**
Unsere Hilfe kommt von Gott, unserem Herrn, der Himmel und Erde gemacht hat.

Herr, unser Herrscher, wie herrlich ist dein Name in allen Landen,
über dem Himmel breitest du deine Hoheit aus. *Psalm 8, 1*

Herr, unser Gott, ganz nah und fern zugleich,
thronend im Lichte und Gott der Menschen.

Du bist uns fremd und dennoch vertraut,
den Stempel deines Wirkens trägt die Erde.

Doch unser Raumschiff Erde kreist im All,
verloren in unendlichen Räumen.

Was ist der Mensch, daß du noch an ihn denkst,
des Menschen Sohn, daß du dich um ihn kümmerst?

Du hast uns zum Menschen geschaffen und zur Freiheit berufen,
daß wir deine Schöpfung beschützen.

Du legst uns Verantwortung auf unsere Schultern
und gibst uns Kraft, sie zu tragen.

Du bist uns fremd und dennoch vertraut,
den Stempel deines Wirkens trägt die Erde.

Wer sich der Tiefe aller Dinge stellt,
der sieht in aller Schöpfung deiner Größe. *nach Psalm 8: d.z.*

Ehre sei dem Vater und dem Sohn und dem Heiligen Geist,
wie es war am Anfang, jetzt und alle Zeit,
und von Ewigkeit zu Ewigkeit. Amen.

Lied - Erzählung / Meditation / Ansprache / Unterweisung - **Lied**

Gebet:

Du bist Gott, heute und morgen. Tausend Geschlechter dauert dein Bund, denn du bist Gott, der Gott der Menschen. Seit Menschen-gedenken bist du Gott, denn du bist heilig und unsichtbar - ein Gott der Ferne und der Nähe. *Huub Oosterhuis*

Vaterunser

Segen:

Der ewige Gott behüte uns, er mache uns glücklich in seiner Kraft.
Er erhalte und vertiefe in uns das Vertrauen, echten, gelebten Glauben.
Er schenke uns Frieden und die Bereitschaft, den ersten Schritt zu tun.
Er helfe uns, Angst und Furcht zu überwinden.
So segne uns der ewige Gott, der Vater, der Sohn und der Heilige Geist.

d.z.

Am Morgen

Eingangslied

Im Namen des Vaters und des Sohnes und des heiligen Geistes. **Amen.**
Unsere Hilfe kommt von Gott, unserem Herrn, der Himmel und Erde gemacht hat.

Die den Herrn lieben sollen sein wie die Sonne, die aufgeht in ihrer Pracht. *Richter 5,31*

Lobe den Herrn, meine Seele,
und was in mir ist, seinen heiligen Namen!

Lobe den Herrn, meine Seele,
und vergiß nicht, was er dir Gutes getan hat:

der dir alle deine Sünde vergibt
und heilt alle deine Gebrechen,

der dein Leben vom Verderben erlöst,
der dich krönt mit Gnade und Barmherzigkeit.

Der Herr schafft Gerechtigkeit und Recht allen, die Unrecht leiden.

Barmherzig und gnädig ist der Herr, geduldig und von großer Güte.

Er handelt nicht mit uns nach unseren Sünden
und vergilt uns nicht nach unsrer Missetat.

Denn so hoch der Himmel über der Erde ist,
läßt er seine Gnade walten über denen, die ihn fürchten.

So fern der Morgen ist vom Abend,
läßt er unsere Übertretungen von uns sein.

Wie sich ein Vater über seine Kinder erbarmt,
so erbarmt sich der Herr über die, die ihn fürchten. *Psalm 103*

Ehre sei dem Vater und dem Sohn und dem Heiligen Geist,

wie es war am Anfang, jetzt und alle Zeit,
und von Ewigkeit zu Ewigkeit. Amen.

Lied - Erzählung / Meditation / Ansprache / Unterweisung - **Lied**

Gebet: Luthers Morgensegen

Ich danke dir, mein himmlischer Vater, durch Jesus Christus, deinen lieben Sohn, daß du mich diese Nacht vor allem Schaden und Gefahr behütet hast, und bitte dich, du wollest mich diesen Tag auch behüten vor Sünden und allem Übel, daß dir all mein Tun und Leben gefalle. Denn ich befehle mich, meinen Leib und Seele und alles in deine Hände. Dein heiliger Engel sei mit mir, daß der böse Feind keine Macht an mir finde.

Vaterunser

Segen:

Es segne dich Gott: daß dein Wunsch nicht sterbe nach einer besseren Welt, wo alle Menschen einander beglücken.

Am Abend

Eingangslied

Im Namen des Vaters und des Sohnes und des heiligen Geistes. **Amen.**
Unsere Hilfe kommt von Gott, unserem Herrn, der Himmel und Erde gemacht hat.

Jesus Christus spricht:
Ich bin bei euch alle Tage bis an der Welt Ende. *Matthäus 28, 20*

Danket Gott, denn er ist gut,
groß ist alles, was er tut.

Seine Huld währt alle Zeit,
waltet bis in Ewigkeit.

Er tut Wunder, er allein,
alles rief er in das Sein,

der durch seiner Allmacht Ruf
Erd und Himmel weise schuf,

der die Sterne hat gemacht,
Sonn und Mond für Tag und Nacht.

Er hat Israel befreit
aus Ägyptens Dienstbarkeit.

Er zerschlug Pharaos Heer,
führt' das Volk durchs Rote Meer,

führte es mit starker Hand
durch die Wüste in sein Land. *nach Psalm 108: d.z.*

Ehr sei dem, der Vater heißt,
mit dem Sohn, dem Heil'gen Geist,

wie es war zu aller Zeit,
so sei es in Ewigkeit. Amen.

Lied - Erzählung / Meditation / Ansprache / Unterweisung - **Lied**

Gebet: Luthers Abendsegen

Ich danke dir, mein himmlischer Vater, durch Jesus Christus, deinen lieben Sohn, daß du mich diesen Tag gnädiglich behütet hast, und bitte dich, du wollest mir vergeben alle meine Sünde, wo ich Unrecht getan habe, und mich diese Nacht auch gnädiglich behüten. Denn ich befehle mich, meinen Leib und Seele und alles in deine Hände. Dein heiliger Engel sei mit mir, daß der böse Feind keine Macht an mir finde.

Vaterunser

Segen:

Es segne dich Gott:
daß du ihm dankst für jedes kleine und große Glück,
und du ruhst in seinem beglückenden Frieden.

u.s.

Hoffnung

Eingangslied

Im Namen des Vaters und des Sohnes und des heiligen Geistes. **Amen.**
Unsere Hilfe kommt von Gott, unserem Herrn, der Himmel und Erde gemacht hat.

Meine Augen haben das Heil geschaut, das du, Herr, geschaffen hast, damit die Völker es sehen. *Lukas 2, 30-31*

Der Herr ist Aussicht in aller Aussichtslosigkeit,
warum soll ich zweifeln?

Der Herr ist langer Atem in aller Atemlosigkeit,
warum sollte ich aufgeben?

Und steht es tausendmal in jeder Zeitung,
daß Glaube, Kirche und Gemeinde keine Zukunft haben,

und sieht es auch so aus,
als ob selbst Kirchenleitungen es glaubten,

ich glaube es nicht,
ich habe keinen Grund, es ihnen nachzureden.

Wenn sie mich fragen:
„Warum schweigt Gott zu aller Ungerechtigkeit,
die doch zum Himmel schreit?"

Herr, leihe mir deine Stimme,
und man wird hören, daß Gott schreit.

Aber eines brauche ich, mein Gott,
eine Handvoll Menschen,
die mit mir so glauben, wie Jesus glaubte. *nach Psalm 27: d.z.*

Ehre sei dem Vater und dem Sohn und dem Heiligen Geist,

wie es war am Anfang, jetzt und alle Zeit,
und von Ewigkeit zu Ewigkeit. Amen.

Lied - Erzählung / Meditation / Ansprache / Unterweisung - **Lied**

Denkanstoß:

Eines Tages bist du mir begegnet. Ich sah in deine freudlosen, traurigen Augen und fast automatisch ergriff ich deine Hand, legte meinen Arm um deine Schulter und schwieg mit dir. In diesem Augenblick spürte ich: ich habe dich wieder zum Leben erweckt, neue Hoffnung wurde in dir geboren. *Maria*

Vaterunser

Segen:

Es segne dich Gott: daß Glück dich nicht blende für Unglücke anderer,
daß Unglück dich nicht verschlinge - für immer.

d.z.

Gemeinschaft

Eingangslied

Im Namen des Vaters und des Sohnes und des heiligen Geistes. **Amen.**
Unsere Hilfe kommt von Gott, unserem Herrn, der Himmel und Erde gemacht hat.

Ist jemand verbunden mit Christus, so ist er ein neuer Mensch.
Alles alte ist vergangen, siehe: neu ist alles geworden.

2. Korinther 5, 17

Jeder von euch habe die Gesinnung,
wie Jesus Christus sie hatte.

Er, der ein Gott in menschlicher Gestalt war,
legte alle Herrschaft ab und wurde zum Diener der Menschen.

Er erniedrigte sich aus freier Entscheidung
und war Gott gehorsam bis zum Tod am Kreuz.

Darum hat ihn auch Gott erhöht
und über alle Namen gesetzt im Himmel und auf Erden,

damit alle Menschen sich vor ihm verbeugen
und ihn anerkennen mit allem, was sie sind,

und alle Lippen sollen bekennen:
Jesus Christus ist der Herr - der Herr aller Herren.

nach dem Christus-Hymnus Philipper 2, 5-13: u.s.

Ehre sei dem Vater und dem Sohn und dem Heiligen Geist,
wie es war am Anfang, jetzt und alle Zeit,
und von Ewigkeit zu Ewigkeit. Amen.

Lied - Erzählung / Meditation / Ansprache / Unterweisung - **Lied**

Denkanstoß: Die Nacht des Egoismus

Ein Rabbi fragte einen gläubigen Juden: „Wann weicht die Nacht dem Tag? Woran erkennt man das?“ Der versuchte eine Antwort: „Vielleicht, wenn man den ersten Lichtschimmer am Himmel sieht? Oder wenn man einen Busch von einem Menschen unterscheiden kann?“ „Nein,“ sagte der Rabbi, „die Nacht weicht dem Tag, wenn der eine im Gesicht des anderen den Bruder und die Schwester erkennt. Solange das nicht geschieht, ist die Nacht noch in uns.“

Vaterunser

Segen:

Es segne dich Gott: daß sein Glück, das er teilte, mit dir ist,
du teilst mit anderen von Antlitz zu Antlitz, von Mensch zu Mensch.

d.z.

Der Weg

Eingangslied

Im Namen des Vaters und des Sohnes und des heiligen Geistes. **Amen.**
Unsere Hilfe kommt von Gott, unserem Herrn, der Himmel und Erde gemacht hat.

Der Herr macht sich auf, daß er sich deiner erbarme. *Jesaja 30, 18*

Als Israel aus Ägypten auszog,
und aufbrach aus dem Sklavenhaus,

da wurde Jerusalem Gottes Heiligtum,
das ganze Volk sein Königreich.

Da wurden Großmächte erschüttert,
und die kleinen Herren überkam das Zittern.

Gewaltige Berge hüpften wie Widder,
die Berge tanzten wie junge Lämmer.

Was ist mit dir, Großmacht, daß du wankst,
mit dir, Minister, daß du zurückweichst?

Ihr Berge, was hüpft ihr wie Widder,
und ihr Hügel, wie junge Lämmer?

So ist es, wenn Gott Menschen zur Freiheit ruft,
wenn Gott sich zu den Unterdrückten bekennt,

dann wird die Steppe zum bewässerten Garten
und ödes Wüstenland zum Paradies. *nach Psalm 114: d.z.*

Ehre sei dem Vater und dem Sohn und dem Heiligen Geist,
wie es war am Anfang, jetzt und alle Zeit,
und von Ewigkeit zu Ewigkeit. Amen.

Lied - Erzählung / Meditation / Ansprache / Unterweisung - Lied

Denkanstoß: schlimme Gedanken

Zum Rabbi kam ein junger Schüler und gestand, daß ihn ein schwerer Kummer plage. „Rebbe," fragte der Junge den Lehrer, „was soll ich tun, wenn mich schlimme Gedanken überkommen?" „Was für Gedanken meinst du?" entgegnete der Rabbi. „Manchmal frage ich mich, ob es überhaupt einen Gott in der Welt gibt." - „Und ...?" - „ Wenn es keinen Gott gibt, Rabbi, dann ist unser Leben doch sinnlos und unser Dasein ohne Bedeutung." - „Wenn das das Ergebnis ist, zu dem du kommst," sagte der Rabbi nur, „dann denke ruhig weiter nach ..."

Vaterunser

Segen:

Es segne dich Gott: daß dir der erste Schritt glücke,
und du findest den Weg zum Glück.

d.z

Suche nach dem Sinn

Eingangslied

Im Namen des Vaters und des Sohnes und des heiligen Geistes. **Amen.**

Unsere Hilfe kommt von Gott, unserem Herrn, der Himmel und Erde gemacht hat.

Herr, lehre uns bedenken, daß wir sterben müssen, damit wir klug werden. *Psalm 90, 12*

Gott, wohin soll ich mich wenden?
Ich suche dich überall von einem Ende der Erde bis zum anderen.

> Du bist meine Zuflucht. Wenn ich irre, du leitest mich,
> wenn ich mich verliere, du findest mich.

Ehe die Berge wurden, und die Erde geschaffen wurde,
warst du, Gott, schon da.

> Du bringst alles ans Licht, was wir tun,
> unser Leben spiegelt sich im Himmel.

Du läßt die Menschen sterben, sie sind wie Gras, das verdorrt,
ihre Tage fahren dahin wie ein Strom.

> Lehre uns deine Gedanken,
> denn eines Tages sind wir nicht mehr.

Sei uns freundlich und segne unser Tun,
sei uns gnädig und vergib uns unsere Missetat.

> Wende dich wieder zu uns
> und zeige uns deine Güte. *nach Psalm 90: u.s.*

Ehre sei dem Vater und dem Sohn und dem Heiligen Geist,

> **wie es war am Anfang, jetzt und alle Zeit,**
> **und von Ewigkeit zu Ewigkeit. Amen.**

Lied - Erzählung / Meditation / Ansprache / Unterweisung - **Lied**

Denkanstoß: Suchen

Ein junger Schüler kam einmal zum Rabbi mit einem Problem: „Ich kann mich nie auf mein Gebet konzentrieren. Fremde Gedanken überkommen mich, beunruhigen meinen Geist und stören meinen Seelenfrieden. Wie kann ich diese fremden Gedanken unter Kontrolle bringen?“ - „Diese fremden Gedanken, von denen du sprichst,“ fragte der Rabbi den Jungen, „sind es denn nicht deine eigenen ...?“

Vaterunser

Segen:

Es segne dich Gott: daß dein Tag glücke
und du ein Glück seist für andere.

d.z.

Frieden

Eingangslied

Im Namen des Vaters und des Sohnes und des Heiligen Geistes. **Amen.**
Unsere Hilfe kommt von Gott, unserem Herrn, der Himmel und Erde gemacht hat.

Es ist besser, langmütig zu sein, als ein Kriegsheld zu sein.
Es ist besser, sich selbst zu beherrschen, als Städte zu bezwingen.

Sprüche 16, 32

Es wird geschehen in den letzten Tagen und beginnt schon heute:
die Welt kommt in Bewegung und sucht sich eine neue Ordnung.

Alle Menschen machen sich auf den Weg.
Die Völker und Nationen brechen auf mit einem neuen Ziel.

Sie sind sich einig: „Kommt, laßt uns Gott nachfolgen,
daß er uns seine Wege führt, und wir in seine Spuren treten.
Wir wollen seinen Weisungen folgen und seinem Wort vertrauen."

Dann wird Gottes Wort zwischen den Völkern Recht schaffen
und den Menschen aller Nationen Gerechtigkeit geben.

Die Menschen werden ihre Schwerter zu Pflugscharen
und ihre Spieße zu Rebmessern schmieden.

Kein Volk wird gegen das andere die Waffe erheben,
und sie werden den Krieg nicht mehr lernen.
Kommt, laßt uns leben im Licht dieser Verheißung.

nach Jesaja 2, 2-5: u.s.

Ehre sei dem Vater und dem Sohn und dem Heiligen Geist,
wie es war am Anfang, jetzt und alle Zeit,
und von Ewigkeit zu Ewigkeit. Amen.

Lied - Erzählung / Meditation / Ansprache / Unterweisung - **Lied**

Gesprächsanstoß:

„Aber man hat es uns doch befohlen," flüsterte der eine. „Aber wir haben es getan," schrie der andere. „Aber es war furchtbar," stöhnte der eine. „Aber manchmal hat es auch Spaß gemacht," lachte der andere. „Nein," schrie der Flüsternde. „Doch, manchmal hat es Spaß gemacht. Das ist es ja. Richtig Spaß." Dann sagte der eine: „ Aber Gott hat uns so gemacht." „Aber Gott hat eine Entschuldigung," sagte der andere, „es gibt ihn nicht." „Es gibt ihn nicht?" fragte der erste. „Das ist seine einzige Entschuldigung." *Wolfgang Borchert*

Vaterunser

Segen:

Daß Glück dein Leben befriede, ohne Faust und Kampf, friedlich und frei,
dazu segne dich Gott, der Vater des Friedens,
der Sohn Jesus Christus, und der Geist, Mutter allen Lebens. *u.s.*

Gerechtigkeit

Eingangslied

Im Namen des Vaters und des Sohnes und des Heiligen Geistes. **Amen**.
Unsere Hilfe kommt von Gott, unserem Herrn, der Himmel und Erde gemacht hat.

Säet Gerechtigkeit und erntet nach dem Maß der Liebe!

Hosea 10, 12

Laßt uns auf das hören, was Gott uns sagt;
es ist wahr: Gott verspricht allen Menschen Heil.

Herr, zeige uns deine Gnade und schenke uns dein Heil.
Laß uns auf dein Wort achten und deiner Liebe vertrauen.

Du hast deinem Volk Frieden zugesagt,
damit wir nicht in Torheit unsere Tage beenden.

Ja, deine Hilfe lebt in allen Menschen guten Willens,
und deine Freundlichkeit wohnt in unseren Herzen.

Güte und Treue begegnen einander,
Gerechtigkeit und Friede küssen sich.

Treue wächst auf von der Erde,
und Gerechtigkeit schaut hernieder vom Himmel.

Dazu gibt Gott seinen Segen,
und unser Land gibt reichen Ertrag.

Die Gerechtigkeit ist unser Ziel,
und Heil folgt der Spur unserer Schritte.

nach Psalm 85, 8-14: u.s.

Ehre sei dem Vater und dem Sohn und dem Heiligen Geist,
wie es war am Anfang, jetzt und alle Zeit,
und von Ewigkeit zu Ewigkeit. Amen.

Lied - Erzählung / Meditation / Ansprache / Unterweisung - **Lied**

Gesprächsanstoß:

Die Sorge um mein tägliches Brot ist eine materielle Frage.
Die Sorge um das Brot meines Bruders ist eine geistliche Frage.

Nikolai Berdjajew

Vaterunser

Segen:

Daß du zu deinem Glück einen Menschen findest,
der Glück vermehrt und mit dir teilt,
dazu segne dich Gott, der Unrecht heilt,
der Menschensohn Jesus von Nazareth
und der Heilige Geist, in dem sich Frieden und Gerechtigkeit vereinen.

u.s.

Schöpfung bewahren

Eingangslied

Im Namen des Vaters und des Sohnes und des Heiligen Geistes. **Amen**.
Unsere Hilfe kommt von Gott, unserem Herrn, der Himmel und Erde gemacht hat.

Ich sagte zum Mandelbaum: Bruder, erzähl mir von Gott.
Und der Mandelbaum erblühte.

Nikos Kazantzakis

Was ich mir wünsche:
den Mut der Amsel, die noch im Dunkel den Gesang beginnt,
die Geduld der Spinne, die ihre zerstörten Netze nicht zählt,
das ewige Wort der Krähen und das Schweigen der Fische,
den Fleiß der Holzwespen und die Leichtigkeit ihrer Waben,
den Schlaf der Larven im Boden und den Tanz der Mücken,
die Härte des Eises im Winter, das im Frühlingslicht schmilzt,
die Glut des Holzes, wenn es verbrennt,
den Höhenflug der Asche, die der Wind verweht,
die Unermüdlichkeit des Grases,
nach jedem Winter neu zu grünen, wünsche ich mir.

nach Rudolf Otto Wiemer

Ehre sei dem Vater und dem Sohn und dem Heiligen Geist,
wie es war am Anfang, jetzt und alle Zeit,
und von Ewigkeit zu Ewigkeit. Amen.

Lied - Erzählung / Meditation / Ansprache / Unterweisung - **Lied**

Gesprächsanstoß:

Frage doch das Vieh, daß es dich unterrichte,
und die Vögel unter dem Himmel, daß sie es dir sagen.
Die Sträucher der Erde und die Fische im Meer werden es erzählen.
Wer erkennte nicht aus all dem, daß Gottes Hand das gemacht hat,
daß in seiner Hand die Seele ist von allem, was lebt,
und der Lebensatem der Menschen?

Hiob 12, 7-10

Vaterunser

Segen:

Daß Glück dein Leben befruchte in der Zeit zur Reife,
auf den Ebenen der Weite, ohne Furcht und Zittern,
dazu segne dich Gott, Schöpfer des Himmels und der Erde,
der Sohn, Jesus von Nazareth und Menschensohn,
und der Geist, der die Welt mütterlich zusammenhält.

u.s.

Schalom

Eingangslied

Im Namen des Vaters und des Sohnes und des heiligen Geistes. **Amen.**
Unsere Hilfe kommt von Gott, unserem Herrn, der Himmel und Erde gemacht hat.

Ich bin die Auferstehung und das Leben.
Wer an mich glaubt, der wird leben und niemals sterben.

Johannes 11, 25-26

Den alten Israeliten verdanken wir den Namen Gottes:
„Ich werde für euch dasein",

ein Begleiter auf dem Weg des Schalom,
menschlich in unserer Mitte.

Den alten Israeliten verdanken wir den Namen Gottes:
Gott des Abraham, des Mose, Jesus von Nazareth.

Ruf in die ständig bedrohte Freiheit,
Ruf in den Dienst für das Leben der Welt.

Den alten Israeliten verdanken wir den Namen Gottes:
Herr des Himmels und der Erde,

der den Fürsten den Mut nimmt, Kriege zu führen,
der die Gebeugten aufrichtet und den Elenden hilft.

nach Psalm 76: d.z.

Ehre sei dem Vater und dem Sohn und dem Heiligen Geist,
wie es war am Anfang, jetzt und alle Zeit,
und von Ewigkeit zu Ewigkeit. Amen.

Lied - Erzählung / Meditation / Ansprache / Unterweisung - **Lied**

Denkanstoß: Gott singt

Es heißt im Psalm: „Denn gut ist Gesang unserm Gott." Rabbi Elimelech deutete es: „Gut ist es, wenn der Mensch bewirkt, daß Gott in ihm singe."

Vaterunser

Segen:

Es segne dich Gott: daß dein Glück sich in Frieden verwandle,
und Gott an deiner Seite lebe - zum Glück für Himmel und Erde.

u.s.

Vertrauen

Eingangslied

Im Namen des Vaters und des Sohnes und des heiligen Geistes. **Amen.**
Unsere Hilfe kommt von Gott, unserem Herrn, der Himmel und Erde gemacht hat.

Siehe, das ist unser Gott, auf den wir hoffen,
das ist der Herr, dem ich vertraue.

Jesaja 25, 9

Gott ist der Gedanke,
der mir eine neue Hoffnung gibt.

Gott ist der Ort,
wo ich in meiner Angst geborgen bin.

Gott ist die Kraft,
die mich in meiner Furcht nicht fallen läßt.

Gott ist der Allmächtige,
mit einem Blick durchschaut er uns Menschen.

Gott ist der Gerechte,
mit einem Fingerzeig trennt er die Guten von den Bösen.

Gott ist der Herr,
seine Gerechtigkeit breitet sich aus über die ganze Erde.

nach Psalm 11: u.s.

Ehre sei dem Vater und dem Sohn und dem Heiligen Geist,
wie es war am Anfang, jetzt und alle Zeit,
und von Ewigkeit zu Ewigkeit. Amen.

Lied - Erzählung / Meditation / Ansprache / Unterweisung - **Lied**

Denkanstoß: Gott finden

Ein Gelehrter kam zu einem Rabbi und sagte: „Jetzt habe ich so viel in Büchern gelesen und studiert, aber Gott ist mir noch nie begegnet.“ Der Rabbi antwortete: „Dann hast du dich noch nicht genug gebückt.“

Vaterunser

Segen:

Es segne dich Gott:
daß du ein Glück wirst für Menschen in Angst und ohne Heimat.
Dein Glück liegt in seinen Händen.

u.s.

Zuversicht

Eingangslied

Im Namen des Vaters und des Sohnes und des heiligen Geistes. **Amen.**
Unsere Hilfe kommt von Gott, unserem Herrn, der Himmel und Erde gemacht hat.

Gott ist unsere Zuversicht und Stärke, eine Hilfe in den großen Nöten, die uns getroffen haben. *Psalm 46, 2*

Ich suche Gott auf den Bergen - wird er mir dort entgegenkommen?
Woher kommt mir Hilfe?

> Meine Hilfe kommt von ihm, der nicht nur auf den Bergen wohnt,
> mein Gott hat alle Himmel und Welten geschaffen,
> und wenn ich ihn bitte, so ist er anwesend und hilft.

Ich suche Gott in der Natur - wird er mir dort begegnen?
Woher kommt mir Hilfe?

> Meine Hilfe kommt von ihm, der sich nicht nur um den Himmel sorgt,
> mein Gott sieht auch meine Schritte hier auf Erden,
> und wenn ich falle, so richtet er mich wieder auf.

Ich suche Gott im Traum - wird er sich dort mir zeigen?
Woher kommt mir Hilfe?

> Meine Hilfe kommt von ihm, der nicht schläft oder müde wird,
> mein Gott behütet mich Tag und Nacht,
> und wenn ich zum Leben keine Kraft mehr habe,
> so spricht er mir neuen Mut zu.

Ich suche Gott im Himmel und auf Erden - wo werde ich ihn finden?
Wer kann mir meinen Weg zeigen?

> Meine Hilfe kommt von Gott, den ich bitte, der mich tröstet,
> der mein Leben behütet heute und in aller Zukunft.

nach Psalm 121: u.s.

Ehre sei dem Vater und dem Sohn und dem Heiligen Geist,
> **wie es war am Anfang, jetzt und alle Zeit,**
> **und von Ewigkeit zu Ewigkeit. Amen.**

Lied - Erzählung / Meditation / Ansprache / Unterweisung - **Lied**

Denkanstoß: Wo Gott wohnt

Rabbi M. war zu Gast bei gelehrten Männern. Er überraschte sie mit der Frage: „Wo wohnt Gott?" Sie lachten über ihn: „Was redet Ihr! Ist doch die Welt seiner Herrlichkeit voll!" Er aber beantwortete seine eigene Frage: „Gott wohnt, wo man ihn einläßt."

Vaterunser

Segen:

Es segne dich Gott: daß seine Hilfe bei dir glückt
und er mit seinem Glück dich behütet Tag und Nacht. *u.s.*

Befreiung

Eingangslied

Im Namen des Vaters und des Sohnes und des heiligen Geistes. **Amen**.
Unsere Hilfe kommt von Gott, unserem Herrn, der Himmel und Erde gemacht hat.

**Kommt her zu mir alle, die ihr mühselig und beladen seid,
ich will euch erquicken.**

Matthäus 11,28

Zu einem Menschen hat Gott bedingungslos ja gesagt.
Sein Name: Jesus von Nazareth.

Er war genau so, wie Gott sich den Menschen vorgestellt hatte:
ganz er selbst, und doch ganz für den anderen da.

Wahrhaft ein Mensch, an dem man ablesen kann,
wie Gott für uns sein will.

Wahrhaft ein Mensch, so sehr aus Gott,
daß wir ihn nennen: Gottes Sohn.

Wahrhaft ein Mensch, so sehr von Gott abhängig,
daß er uns immer noch mitnimmt auf seinen Weg zu Gott.

Er hat uns den „lieben" Gott ausgepredigt,
und zeigt uns den Gott, der unser Vater ist.

Er zeigt uns das Leid der Menschen
und macht uns verantwortlich für alles, was wir den Menschen zufügen.

Er ist unter uns lebendig,
er ist der Befreiende. *nach Psalm 110: d.z.*

Ehre sei dem Vater und dem Sohn und dem Heiligen Geist,

**wie es war am Anfang, jetzt und alle Zeit,
und von Ewigkeit zu Ewigkeit. Amen.**

Lied - Erzählung / Meditation / Ansprache / Unterweisung - **Lied**

Denkanstoß: Götzendienst

Der Rabbi Mendel sprach: „Wenn ein Mensch ein Gesicht macht vor einem Gesicht, das keines ist, das ist Götzendienst."

Vaterunser

Segen:

Es segne dich Gott: daß sein Befreiungswerk glücke bei dir,
und du andere befreist zu ihrem Glück.

d.z.

Wegzeiten

Eingangslied

Im Namen des Vaters und des Sohnes und des heiligen Geistes. **Amen.**
Unsere Hilfe kommt von Gott, unserem Herrn, der Himmel und Erde gemacht hat.

Denn ich weiß wohl, was ich für Gedanken über euch habe, spricht der Herr, Gedanken des Friedens und nicht des Leides, damit ich euch gebe Zukunft und Hoffnung.

Jeremia 29, 11

Der Herr hat mich erhört,
auf ihn baue ich mein Leben lang.

Darum will ich nicht mehr stumpf ins Dasein dösen
und stumm sein wie ein Fisch.

Der Herr hat mich geführt, er hat geholfen.

Darum will ich seinen Namen preisen
und groß an den Himmel schreiben.

Du hast meine Klage verwandelt in Melodie und Rhythmus.

Denn aus der Tiefe rief ich zu dir,
und du hast mich aus der Tiefe gezogen.

Du hast meine Hoffnungslosigkeit verwandelt
in eine unbegrenzte Liebe.

In deiner Güte hast du mich beschützt
niemand kann mir etwas antun. *nach Psalm 30: u.s.*

Ehre sei dem Vater und dem Sohn und dem Heiligen Geist,

wie es war am Anfang, jetzt und alle Zeit,
und von Ewigkeit zu Ewigkeit. Amen.

Lied - Erzählung / Meditation / Ansprache / Unterweisung - **Lied**

Denkanstoß: Geh

Einer fragte den Abbas Paision: „Was soll ich mit meiner Seele tun, sie ist gefühllos und fürchtet Gott nicht." Er sagte zu ihm: „Geh und schließe dich einem gottesfürchtigen Menschen an. Indem du dich ihm nahst, lehrt er auch dich, Gott zu fürchten."

Vaterunser

Segen:

Es segne dich Gott: daß du Glück hast auch im Unglück,
daß auf allen deinen Wegen dir die richtige Entscheidung glücke
und du dich nie aus seiner Nähe wendest.

u.s.

Lebenszeiten

Eingangslied

Im Namen des Vaters und des Sohnes und des heiligen Geistes. **Amen.**
Unsere Hilfe kommt von Gott, unserem Herrn, der Himmel und Erde gemacht hat.

In deine Hände befehle ich meinen Geist,
du hast mich erlöst, Herr, du treuer Gott.

Psalm 31, 6

Ich verlasse mich auf den Herrn und auf seine Gedanken.

In deine Hände lege ich voll Vertrauen mein Leben.

Manchmal denke ich, du hast mich aus den Augen verloren,

doch dann hörst du meine Fragen,
wenn ich zu dir um Hilfe rufe und ratlos bin.

Du nimmst dich meiner Unsicherheiten an
und läßt mich nicht verloren gehen.

Und wenn mich die anderen festnageln,
befreist du mich mit deiner Kraft.

Mein Herz ist stark und unverzagt.
Du hast mir den Sack der Trauer ausgezogen
und mich mit Freude gegürtet.

Meine Zeit steht in deinen Händen
und mein Leben liegt in deiner Hand.

nach Psalm 31: u.s.

Ehre sei dem Vater und dem Sohn und dem Heiligen Geist,

wie es war am Anfang, jetzt und alle Zeit,
und von Ewigkeit zu Ewigkeit. Amen.

Lied - Erzählung / Meditation / Ansprache / Unterweisung - **Lied**

Denkanstoß: Wachsen

Einst saß ein Rabbi zusammen mit anderen „Kollegen“ am Tisch. „Ich bin ganz sicher,“ sagte er, „daß meine Anhänger stets das tun, was ich ihnen auftrage.“ Einer der Anwesenden fragte voll Erstaunen, warum er sich da so sicher sei. „Weil ich ihnen nur auftrage,“ so lautete die Antwort, „wozu sie sich imstande fühlen - und manchmal etwas mehr, damit sie über sich hinauswachsen ...“

Vaterunser

Segen:

Es segne dich Gott, der dich mit Glück ummantelt, mit Liebe umgibt, der dich auf Händen trägt, damit dein Fuß nicht an einen Stein stoße.

u.s.

Abendmahl: „Der neue Bund“

Eingangslied

Im Namen des Vaters und des Sohnes und des heiligen Geistes. **Amen.**
Unsere Hilfe kommt von Gott, unserem Herrn, der Himmel und Erde gemacht hat.

Es sollen wohl Berge weichen und Hügel hinfallen, aber meine Gnade soll nicht weichen, und der Bund meines Friedens soll nicht hinfallen, spricht der Herr, dein Erbarmer. *Jesaja 54, 10*

Den Herrn will ich preisen von ganzem Herzen
im Kreis derer, die ihm vertrauen, inmitten seiner Gemeinde.

> Groß sind die Werke Gottes,
> kostbar für alle, die sich an ihnen freuen.

Die sich auf ihn verlassen, brauchen den Hunger nicht zu fürchten.
Er hält fest an seinem Bund auf ewig.

> Er hat uns seine machtvollen Taten kundgetan,
> seine Werke sind gerecht und beständig,
> seine Gebote verläßlich.

Sich auf den Herrn zu gründen ist der Anfang der Weisheit,
die sind gut beraten, die nach seiner Ordnung leben.

> Sein Ruhm hat Bestand für alle Zeit. *aus Psalm 111*

Ehre sei dem Vater und dem Sohn und dem Heiligen Geist,
> **wie es war am Anfang, jetzt und alle Zeit,**
> **und von Ewigkeit zu Ewigkeit. Amen.**

Lied - Erzählung / Meditation / Ansprache / Unterweisung - **Lied**

Jesus Christus spricht: meinen Frieden gebe ich euch. Ich gebe euch nicht, wie die Welt gibt. Euer Herz erschrecke nicht und fürchte sich nicht.
Johannes 14, 27

Friede sei mit euch.
(gegenseitiger Friedensgruß: „Friede sei mit dir.“ „Schalom“ ...)

Gebet und **Einsetzungsworte**

Sooft ihr von diesem Brot eßt und aus diesem Kelch trinkt,
verkündigt ihr den Tod des Herrn, bis daß er kommt.

> Deinen Tod, o Herr, verkünden wir
> und deine Auferstehung preisen wir,
> bis du kommst in Herrlichkeit.

Vaterunser - Einladung zum Abendmahl und Austeilung

Dankpsalm oder **Gebet**

Segen:

Der Friede Gottes, der größer ist als alle Vernunft,
bewahre unsere Hoffnung, festige unseren Glauben
und mache uns in der Liebe stark.

Gebete

Morgengebet

Herr, noch treten meine Füße auf schwankenden Boden,
fassen meine Hände ins Leere.
Doch schon reckst du deinen Arm und hältst mir deine Hand entgegen.

Herr, was immer du auch tust, du nimmst mich aus dem Einerlei
und hilfst mir zur Entfaltung meines Lebens.

Herr, du zeigst mir die Heiterkeit in einem Kinderlachen,
du läßt mich den Klängen der Musik lauschen,
die Geheimnisse in mir wachrufen.

Herr, ich weiß, daß du bei mir bist.
Du gewährst mir den neuen Morgen,
den Mut, heiter und gelassen in den Tag zu gehen.
Du gibst mir Begegnungen, die meiner matten Seele Auftrieb geben.
Gespräche und Worte wecken in mir Hoffnung.

nach Peter Helbich

Umwege

Herr Jesus Christus,
mit dir ist das Reich Gottes in die Welt gekommen.
Nur dieses Reich kann die Sehnsüchte der Menschen zufriedenstellen.
Dieses Reich allein erfüllt das Verlangen
nach Frieden, Freiheit, Gerechtigkeit und Glück.

Wir aber suchen das Reich Gottes woanders:
in einer Welt, die wir ohne dich bauen möchten,
die vom Himmel getrennt sein soll,
die Menschen-Reich gegen Gottes-Reich stellt.
Wir suchen es oft in der Innerlichkeit oder Aktion,
im Rausch oder in der Ferne.
Viele Versuche sind nur eine Flucht vor der Wirklichkeit.

Bewahre uns vor diesen Umwegen
mit ihren unnötigen Belastungen, Entbehrungen und Nöten.
Laß uns unser Glück suchen an dem Ort, den du uns zugewiesen hast,
und laß uns begreifen,
daß an diesem Ort du selber lebst,
um durch uns dein Reich an dieser Stelle aufzubauen.

Paul Jakobi

Bitte

Wir kommen zu dir als die Hungrigen
und bitten dich:
fülle unsere Herzen mit deinem Wort.

Wir kommen zu dir als die Durstigen
und bitten dich:
stille unsere Sehnsucht.

Wir kommen zu dir als die Tauben
und bitten dich:
schließe uns auf mit deinem Geist.

Wir kommen zu dir als die Blinden
und bitten dich:
erleuchte uns - sei uns das Licht.

Wir kommen zu dir mit leeren Händen
und bitten dich:
fülle sie mit Brot und Wein.

Uwe Seidel

Die Welt ins Gebet

Laßt uns die Welt ins Gebet nehmen, wo Gott verloren ging,
laßt uns nach ihm suchen,
laßt uns Geschichten erzählen von einem neuen Himmel und einer neuen Erde.

Laßt uns die Welt ins Gebet nehmen, wo die Liebe sich ducken muß,
laßt uns sie aufrichten,
laßt uns die Zärtlichkeit neu entdecken in den Augen derer, die uns begegnen.

Laßt uns die Welt ins Gebet nehmen, wo das Recht vor die Hunde geht,
laßt uns den Aufstand wagen,
laßt uns die Gnade Gottes einschreiben in die Herzen der Richter.

Laßt uns die Welt ins Gebet nehmen, wo der Friede verwundet wird,
laßt uns uns verbinden,
laßt uns eine Hoffnung ausbreiten über die ganze Schöpfung Gottes.

Sybille Fritsch

Es geht

Wenn es ginge, Herr, würd ich dir einen Kuß geben
für die Liebe, die von dir ist,
für die Liebe, die du schenkst,
für die Liebe, die für uns ist
... wenn es ginge.

Es geht!

Tonny

Laßt uns beten

Laßt uns beten um die Einheit aller Erdteile,
daß der Friede kommt wie ein Sturm im Frühling,
daß die Erfrorenen auftauen, daß ihr Herz Wasser wird,
daß die Verkrampften sich entfalten, daß ihr Geist wach wird,
daß diese Erde aufblüht, daß sie Früchte trägt,
für alle Menschen an beiden Ufern der Meere, die sie scheiden.

Ja, laßt uns beten, daß die Erde durch ein großes Passa
dem Sommer entgegengeht,
mit langen Tagen Liebe und warmen Nächten Versöhnung,
damit das Lebenslicht, das über uns aufgegangen ist,
nicht verdunkelt wird.

Willem Barnard

Abendgebet

Lieber Gott,
ich möchte dich heute um etwas bitten.
Du weißt, ich bete nicht sehr oft, aber heute - heute muß es einfach sein.
Ich weiß, du bekommst heute Nacht wieder viele Gebete,
die bestimmt wichtiger sind als meines.
Da bittet sicher einer um den Frieden auf der Welt,
und einer um ein Schälchen Reis,
einer, der mit offenen Augen, die längst nicht mehr weinen können,
irgendwo auf einer nachtdunklen Straße liegt.
Und sicher ist da auch einer,
der dich bittet, seine Krankheit von ihm zu nehmen,
und auch einer, der mit zerbrochenen Händen und geschlagenem Körper
in einer Zelle liegt, und dich um Erlösung von der Folter bittet.
Und neben all dem komme ich mir klein,
fast lächerlich mit meiner Bitte vor.

Aber lieber Gott, paß gut auf sie auf,
sie ist doch noch ein Kind,
noch jung und unverbraucht,
anders als wir alle sind,
drum, lieber Gott, paß gut auf sie auf.

Amen.

Huber Röser

Gebete der Völker

Herr, du mein Freund,
du hast mich bei der Hand genommen,
nimmst mich mit bis ans Ende meines Weges.
Es sind die Spuren des Herrn, die zurückbleiben auf dem Weg,
es sind Menschen, die in der Nacht leuchten werden.
Mein Schicksal ist, zu wandern,
meine Sehnsucht ist es, anzukommen,
meine Freude ist es, deine Freundschaft zu spüren.

Aus Peru

Mein Krieg und mein Frieden

Herr Jesus!

Meine Kraft und mein Scheitern bist du,
mein Vermögen und meine Armut.
Du, meine Gerechtigkeit, Jesus.
Mein Krieg und mein Frieden.
Meine unbegrenzte Freiheit!
Mein Tod und mein Leben,
Du.

Wort meiner Schreie, Schweigen meines Wartens,
Zeuge meiner Träume, Kreuz meines Kreuzes!

Anlaß meiner Bitterkeit, Vergebung meiner Ichsucht,
Verbrechen meiner Anklage, Richter über meine Reue,
Grund meiner Hoffnung,
Du!

Mein verheißenes Land bist du.
Auferstehung meiner Auferstehung, unsere Herrlichkeit,
auf ewig, Herr Jesus!

Amen.

Dom Pedro Casaldáliga, Brasilien

Dein Wille, der Liebe ist

Vater unser, Vater aller Menschen, die wir Brüder und Schwestern sind. Hilf, daß dein wirklicher Name, der Liebe heißt, uns allen vertraut werde. Hilf, daß unter uns das Reich der Gerechtigkeit und Liebe erschaffen werde, das einige den vollendeten Sozialismus nennen.

Dein Wille, der Liebe ist, der sich im Kosmos vollzieht, geschehe auch auf der Erde.

Hilf, daß alle Menschen auf dieser Erde gesättigt werden.

Wir bitten dich, vergiß unsere Lieblosigkeit,
damit wir uns unsere Lieblosigkeiten verzeihen.
auf daß wir nicht in die Versuchung kommen,
zur Vergangenheit zurückzukehren, zu Entwicklungsstufen,
die wir schon überwunden haben.

Und befreie uns vom Übel aller Unterdrückung.

Amen.

Ernesto Cardenal, Nicaragua

Warum

Vater unser!

Wenn du im Himmel bist, und dein Name heilig ist,
warum geschieht dann nicht dein Wille, auf der Erde wie im Himmel?

Warum gibst du nicht allen ihr tägliches Brot?

Warum vergibst du uns nicht unsere Fehler, damit wir unsere Klagen vergessen? Warum fallen wir noch in die Versuchung, zu hassen?

Wenn du im Himmel bist, unser Vater, warum befreist du uns nicht von dem Bösen, damit wir dann sagen:

Amen?

Marialzira Perestrello, Brasilien

Gebet des Thomas von Aquin

Verleihe mir, allmächtiger Gott,
daß ich alles, was dein WIlle ist über meinem Leben,
umsichtig erforsche, wahrhaft erkenne und vollkommen erfülle.

Ordne mein Leben so, wie es dir zur Ehre und mir zum Heil sein kann.
Gib mir dazu, o Herr, ein starkes Herz, ein freies Herz,
ein rechtschaffenes Herz, ein wachsames Herz,
ein unwandelbares Herz.

Mache mich schlicht ohne Überheblichkeit, ernst ohne Trauer,
wahrhaft ohne Täuschung, mutig ohne Furcht, fröhlich ohne Leichtsinn.

Laß meinen Weg gerade und sicher zum Ziel kommen.

Laß mich immer auf dich hoffen, liebreicher Gott meines Lebens.

Amen.

Gegenwind

Rüttle uns auf, o Herr,
damit wir kühner werden und uns hinauswagen auf das weite Meer,
wo uns die Stürme deine Allmacht offenbaren,
wo wir mit schwindender Sicht auf das Ufer
die Sterne aufleuchten sehen.
Im Namen dessen,
der die Horizonte unserere Hoffnungen weit hinausgeschoben
und die Beherzten aufgefordert hat, ihm zu folgen.

Gebet von Basisgemeinden aus Mindanao-Sulu, Philippinen

Freude in meinem Leben

In den Tagen der Angst und der Einsamkeit,
bei schwierigen Übergängen und in Bedrängnis
gibst du, Herr, mir Stärke.

Im Kampf für Wahrheit und Gerechtigkeit,
im Einsatz und in der Enttäuschung
machst du, Herr, mich gewiß.

Wenn ich traurig bin oder wenn ich lache,
bei den alltäglichen Dingen und bei der Arbeit
bist du, Herr, mein Begleiter.

Immer bist du, Herr,
die Freude in meinem Leben
und der Friede auf meinem Weg.

aus Brasilien

Vertrauen

O Gott,
was du mir von der Welt geben willst, gib es deinen Feinden,
und was du mir im Himmel geben willst, gib es deinen Freunden,
denn du selbst genügst mir.

O Gott,
wenn ich dich aus Furcht vor deiner Hölle anbete,
so verbrenne mich in deiner Hölle,
und wenn ich dich deines Paradieses wegen anbete,
so verschließe mir dessen Tür.

Aber wenn ich dich nur um deiner selbst willen anbete,
dann beraube mich nicht des Schauens deines Angesichts.

Gebet der Mystikerin Rabi'äh Al'-Adawiya, Arabien

Dankgebet der erwachten Seele

In diesem heiligen Augenblick, da alles in mir schweigt,
hebe ich meine Hände zu dir empor, du allgütiger, weiser Gott!

Wie könnte ich dir je genug danken -
dir, dessen Liebe keine Grenzen kennt,
dir, dessen Weisheit unergründlich ist!

Ich war geistig blind - du hast mich sehend gemacht!
Ich war seelisch in Versuchung gefallen - du hast mich emporgehoben!
Ich war auf dem Irrweg - du hast mich zur Wahrheit geführt!

Mit jedem Schritt führst du mich weiter auf dem heiligen Pfad
der Reinheit, der Weisheit und der Gerechtigkeit,
der Einheit und der Harmonie!

Ich will diesen Pfad bis zu Ende gehen,
in voller Demut und Selbstlosigkeit,
in reiner Liebe und Opferwilligkeit,
in Tapferkeit und Heiligkeit!

Möge auch ich ein treuer, erleuchteter
und würdiger Diener der leidenden Menschheit -
ein Lichtkämpfer der Wahrheit werden!

H. K. Iranschähr, Persien

Du bist alles

Du bist meine Mutter, du bist auch mein Vater;
du bist mein Verwandter, du bist auch mein Freund;
du bist meine Erziehung, du bist auch mein Reichtum.

O Gott der Götter - du bist für mich alles!

hinduistisches Gebet, Indien

Die Heilkraft des Gebets

Ich bin im Tempel des Friedens.
Alles schweigt und ruht in mir. Mein Körper ist still und entspannt.

Die Heilkraft des Schweigens erfüllt mich.
Sie heilt alle meine Leiden und gibt mir Kraft und Gesundheit.

Liebe und Frieden, Licht und Freude ziehen in mir ein und beleben mich ganz.
Ich fühle himmlische Ruhe in mir.

Alles schweigt in mir. Gott allein wirkt in mir.
Ich bin erfüllt von seiner Liebe.

In mir ist ein neuer Funke entzündet.
Eine neue Kraft umflutet mich. Ein neues Leben durchströmt mich.
Ein neues Licht durchstrahlt mich.

Ich will dieses Licht ewig tragen und es freudig ergießen
in das Herz der Menschheit!

Heil allen Menschen und Wesen! Licht allen Menschen und Wesen!

H. K. Iranschähr, Persien

Gebet der Galla

O Gott, in Frieden ließest du mich tagen,
in Frieden laß mich auch nächtigen!
Wo immer ich gehe auf dem Wege, den du in Frieden für mich machtest,
o Gott, meine Schritte mache mir recht!

Beim Reden - Verleumdung nimm von mir weg!
Im Hunger - Murren nimm von mir weg!
In Sattheit - Übermut nimm von mir weg!

Dich anrufend verbringe ich den Tag, Herr, der keinen Herren hat!

Ostafrika, 19. Jahrhundert

Morgengebet der Massai

Laß mich nun auch diesen Tag finden, womit ich mich sättige.
Gott meines Elends, gib mir Essen, gib mir Milch, gib mir Fleisch,
mein Vater!

Ostafrika, 19. Jahrhundert

Marienlied

Gruß dir, Mariam, Sternenkrone, Thron der Sonne weit,
Erde trägt ein Blüten- und Früchtekleid,
Mariam, Wonnezeit!

Gruß dir! Düfte, Spezereien, Aarons, Salböl, da
sind granatgleich güldne Schellen, ja:
Mariam, Tunika.

Gruß dir! Duft des Gartens singe lieblich dir zum Ruhme
in der Erde mit der Ernte Krume,
Mariam, Feldesblume.

Gruß dir! Wenn dein leuchtend Angesicht entzückte mich,
einer schönen Blume ich verglich
Mariam, Perle, dich!

Wie die Durstge rasch dem Wasser sich zu nahen mühte,
eilt mein Mund zum Preise deiner Güte,
Mariam, Weinstockblüte!

aus Äthiopien

Ave Maria latinoamericana

Ave Maria, schwanger mit den Hoffnungen unserer Armen,
der Herr ist mit dir.

Gesegnet bist du unter den Unterdrückten,
gesegnet sind die, welche befreit aus dir hervorgehen.

Santa Maria, Mutter der Lateinamerikaner,
bete für uns, daß wir dem Geist Gottes vertrauen,
besonders jetzt, wenn unser Volk um Gerechtigkeit kämpft,
und dann, wenn es sie in Freiheit verwirklicht, für ein Leben in Frieden.

Amen!

Frei Beto, Argentinien

Peruanisches Magnificat

Voll Freude sing ich dem Herrn, meinem Retter,
er schaut auf sein armes Bauernmädchen,
das ausgenutzt wird und leidet.
Jetzt werden all die vielen zu mir sagen: „Gott hat dir geholfen."
Er ist gut, und er steht immer auf der Seite der Armen.
Wir wissen jetzt: er ist groß.
Den groben Angeber hat er verjagt.
Die Unterdrückten richtet er auf, und die Herren bringt er zu Fall.
Er gibt Brot denen, die Hunger haben, und die Reichen tritt er mit Füßen.
Wie er's gesagt hat: immer kämpft Gott an der Seite des Volkes.

Wir wollen weiterkämpfen und den Sieg unseres Gottes besingen.
Alle Armen stehen zusammen.
Nie werden wir besiegt.

aus Lima

Anrufung der Sioux-Indianer

O großer Geist, dessen Stimme ich in den Winden vernehme,
und dessen Atem der ganzen Welt Leben spendet, höre mich.

Ich trete vor dich hin als eines deiner vielen Kinder.
Ich bin klein und schwach. Ich bedarf deiner Kraft und Weisheit.

Laß mich in Schönheit wandeln, und laß meine Augen immer den roten
und purpurnen Sonnenuntergang schauen.

Laß meine Hände die Dinge verehren, die du gemacht hast,
und meine Ohren deine Stimme hören.

Schenke mir Weisheit, damit ich die Dinge, die du mein Volk gelehrt hast,
und die Lehre, die du in jedem Blatt und jedem Felsen verborgen hast,
erkennen möge.

Nicht um meinen Brüdern überlegen zu sein, suche ich Kraft,
sondern um meinen größten Feind bekämpfen zu können - mich selbst.

Mache mich immer bereit,
mit reinen Händen und geradem Blick zu Dir zu kommen,
damit mein Geist, wenn dereinst mein Leben verblaßt wie die untergehende Sonne, ohne Scham zu dir kommen möge.

Das „Vaterunser" des Islam

Preis sei Allah, dem die Welt untertan,
dem König des Gerichts, dem barmherzigen Rachman!
Dich beten wir an, dich rufen wir an:
Leite du uns auf die gerade Bahn,
zu wandeln als solche, denen du wohlgetan,
die dein Zorn verschont und die frei sind von Wahn. (Sure 1)

Ich nehme meine Zuflucht zu dem Herrn des Morgengrauens
vor dem Übel dessen, was er erschaffen hat,
und vor dem Übel der Nacht, wenn sie naht,
und vor dem Übel der Zauberinnen,
und vor dem Übel des Neiders, wenn er neidet. (Sure 113)

Ich nehme meine Zuflucht zu dem Herrn der Menschen,
dem König der Menschen, dem Gott der Menschen,
vor dem Übel des Einflüsterers, des Fliehenden,
der da einflüstert in die Brüste der Menschen,
vor den Geistern und den Menschen. (Sure 114)

aus Arabien

Gebet der Vereinten Nationen

Unsere Erde ist nur ein kleines Gestirn im großen Weltall.
Unsere Aufgabe ist es, daraus einen Planeten zu machen,
dessen Geschöpfe nicht von Kriegen gepeinigt werden,
nicht von Hunger und Furcht gequält,
nicht zerrissen in sinnloser Trennung nach Rasse, Hautfarbe
oder Weltanschauung.

Gib uns den Mut und die Voraussicht,
schon heute mit diesem Werk zu beginnen,
auf daß unsere Kinder und Kindeskinder einst mit Stolz
den Namen „Mensch" tragen.

Stephen Vincent Benét

Bekenntnisse

Bekenntnis der Hoffnung

Wir glauben an Gott.
Er gab denen, die unter dem Gesetz litten, die Liebe.
Er gab denen, die fremd waren im Land, ein Zuhause.
Er gab denen, die unter die Räuber fielen, seine Hilfe.

Wir glauben an Jesus Christus, Sohn Gottes, unsern Bruder und Erlöser.
Er gab denen, die Hunger hatten, zu essen.
er gab denen, die im Dunkel lebten, das Licht.
Er gab denen, die im Gefängnis saßen, die Freiheit.

Wir glauben an den heiligen Geist.
Er gibt denen, die verzweifelt sind, neuen Mut.
Er gibt denen, die in der Lüge leben, die Wahrheit.
Er gibt denen, die die Schrecken des Todes erfahren,
die Hoffnung zum Leben.

Amen.

Ernesto Cardenal, Nicaragua

Mein Bekenntnis

Ich glaube an Gott,
aus dessen Hand wir geschaffen sind
wie von einer Mutter und einem Vater,
der uns das Leben schenkt für die Freiheit und für die Liebe.

Ich glaube an Jesus Christus, unseren Bruder und Erlöser,
der wahre Mensch unter den Menschen,
der freundlichste Gedanke Gottes,
mit Hand und Fuß, mit Herz und Seele unter uns,
der für Liebe und Güte gekreuzigt wurde aus Angst und Haß,
der wieder auferstand vom Tode -
sein Aufstand für das Leben auf unserer Erde.

Ich glaube an den heiligen Geist, die alles durchdringende Kraft,
der Menschen untereinander in Liebe verbindet,
der Mauern des Schweigens und des Hasses niederreißt
für ein Netzwerk des Friedens von Mensch zu Mensch,
von einem Erdteil zum anderen.

Uwe Seidel

Bekenntnis aus Guatemala

Wir glauben an Jesus von Nazareth und hoffen auf ihn,
den auferstandenen Menschen,
den wahren Menschen,
den freien Menschen,
den Verkünder der Freiheit,
den Befreier vom Bösen und vom Tod.

Bekenntnis zu Frieden und Gerechtigkeit

Ich glaube an Gott,
der die Liebe ist,
und der die Erde allen Menschen geschenkt hat.

> Ich glaube nicht an das Recht des Stärkeren,
> an die Stärke der Waffen,
> an die Macht der Unterdrückung.

Ich glaube an Jesus Christus,
der gekommen ist, uns zu heilen,
und der uns aus allen tödlichen Abhängigkeiten befreit.

> Ich glaube nicht, daß Kriege unvermeidlich sind,
> daß Friede unerreichbar ist.

Ich glaube an die Gemeinschaft der Heiligen,
die berufen ist, im Dienst aller Menschen zu stehen.

> Ich glaube nicht, daß Leiden umsonst sein muß,
> daß der Tod das Ende ist,
> daß Gott die Zerstörung der Erde gewollt hat.

Ich glaube, daß Gott für die Welt eine Ordnung will,
die auf Gerechtigkeit und Liebe gründet,
und daß alle Männer und Frauen gleichberechtigte Menschen sind.

Ich glaube an Gottes Verheißung,
Gerechtigkeit und Frieden für die ganze Menschheit zu errichten.

Ich glaube an Gottes Verheißung eines neuen Himmels und einer neuen Erde,
wo Gerechtigkeit und Friede sich küssen.

Ich glaube an die Schönheit des Einfachen,
an die Liebe mit offenen Händen,
an den Frieden auf Erden.

Amen.

Weltversammlung der Christen Seoul 1990

Der Gott, an den ich glaube

Ich glaube nicht an den Gott der Funktionäre,
auch nicht an den Gott der Generale.

Ich glaube nicht an den Gott der offiziellen Totenehrung,
auch nicht an den Gott der Audienz-Säle,
des Vorwortes zu den Grundgesetzen
oder des Abschlusses großartiger Ansprachen.

Ich glaube nicht an den Gott des Glücks der Reichen,
auch nicht an den Gott der Angst der Wohlhabenden
oder der Freude jener, die das Volk berauben.

Ich glaube nicht an den Gott des erlogenen Friedens,
auch nicht an den Gott der Ungerechtigkeit gegen das Volk,
oder der ruhmvollen Überlieferung der Nation.

Ich glaube nicht an den Gott der leeren Predigten,
auch nicht an den Gott der Ehen ohne Liebe.

Ich glaube nicht an den Gott, der an den Wänden hängt und schläft
oder sich in den Schränken der Kirchen versteckt.

Ich glaube nicht an den Gott der Weihnachtsgeschäfte,
auch nicht an den Gott der prunkhaften Werbung.

ich glaube nicht an den Gott, den die Menschen aus Lügen
und wie aus zerbrechlichem Lehm modelliert haben,
auch nicht an den Gott der herrschenden Ordnung
auf der Grundlage einer zugelassenen Unordnung.

Der Gott, an den ich glaube,
ist in einer Höhle zur Welt gekommen,
war Jude,
wurde von einem ausländischen König verfolgt
und zog wie ein Fremder in Palästina umher.

Er ließ sich begleiten von Leuten aus dem Volk,
er gab denen, die Hunger hatten, zu essen,
denen, die im Dunkeln lebten, Licht,
denen, die im Gefängnis saßen, Befreiung,
denen, die Gerechtigkeit verlangten, Frieden.

Der Gott, an den ich glaube, stellte den Menschen über das Gesetz
und die Liebe über die alten Traditionen.

Der Gott, an den ich glaube, trug eine Krone aus Dornen
und einen Mantel, der wie aus Blut gewebt war.

Der Gott, an den ich glaube, ist kein anderer als der Sohn Marias,
Jesus von Nazarath.

Alle Tage stirbt er, gekruzigt durch unseren Egoismus.
Alle Tage steht er wieder auf, durch unsere Liebe.

Frei Beto, Argentinien
Übersetzung: Antonio Reiser

Denkanstöße

Zuspruch

Ich will euch sagen, was zu wissen wichtig ist
und was zu lernen sich lohnt:

Sucht den Frieden euer ganzes Leben lang.
Dann werden eure Lippen nicht dumm daherreden
wie Windmühlen, die nichts zu mahlen haben.
Dann werden eure Köpfe nicht hohl
wie Holzkisten, in denen man Luft spazieren fährt.

Ihr liebt den Frieden.
Eure Tage sind ausgefüllt bis zum Rand
mit Begegnungen aller Menschen und Rassen.
Die Augen Gottes bewachen jeden von euch,
und seine Ohren hören, wenn einer von euch Angst hat.

Besonders liegen ihm die am Herzen,
die vor Kummer und Gram nicht mehr ein noch aus wissen.
Ihnen wischt er die Tränen vom Gesicht und tröstet sie in ihrem Schmerz.
Ihre Augen können wieder lachen und ihre Herzen fassen wieder Mut.
Er behütet sie in allen Ländern.

Kein Mensch soll an der Welt zerbrechen,
denn die Bösen werden ihre Bosheit begraben
und als die treusten Menschen unter uns leben.

Schalom in Dorf und Stadt.

nach Psalm 34: Uwe Seidel

Der Bund

Den Träumen trauen, Visionen schauen
und Worte reichen von Mund zu Mund.

Die Waffen strecken, den Frieden wecken,
die Erde lieben, sie ist so bunt.

Zusammen leben und Schuld vergeben,
trösten und heilen, was müd und wund.

In Tiefen dringen, beten und singen
und fröhlich bauen auf Gottes Grund.

Diethard Zils

Neues Volk

Als der Geist Gottes wehte, erstrahlte die ganze Welt,
die Hoffnung sproß auf der Erde,
ein neues Volk gab sich die Hand und ging los.

Kämpfen, glauben, den Schmerz überwinden, den Schöpfer preisen -
dann herrschen Gerechtigkeit und Frieden. Und die Liebe lebt.

Als Jesus über die Erde ging,
verkündete er die frohe Botschaft der Gerechtigkeit:
Der Blinde sah, der Taube hörte,
die Ketten der Unterdrückten zerbrach er.

Unsere Macht besteht in der Einigkeit.
Die neue Welt kommt von Gott und den Brüdern.
Auf unserem Weg bekämpfen wir die Uneinigkeit
und bereiten das Fest der Befreiung vor.

Stadt und Land werden sich verändern,
eins in der Hoffnung wird die Jugend ausrufen:
die neue Kraft ist die Macht der Liebe,
unsere Schwäche ist die Stärke in Gott, dem Befreier.

Zé Vicente, Brasilien 1983

Verarbeiten

Sie waren ein Haufen Angst.
Sie verarbeiteten sie zu Einsicht.

Sie waren ein Haufen Krampf.
Sie verarbeiteten ihn zu Atem.

Sie waren ein Haufen Haß.
Sie verarbeiteten ihn zu Tränen.

So säten sie sanftmütig, unermüdlich gefährliches Gut:
drei Handvoll Freude,
und ernteten strahlend sieben Scheunen Freiheit.

Niederländische Basisbewegung.

Nachfolge und Trennung

Glücklich der Mensch, der begriffen hat:
Jesus nachfolgen heißt, in Gemeinschaft leben,
nämlich mit Gott und den Geschwistern.

Irre dich nicht:

Wer sich von der christlichen Gemeinde trennt
um persönlicher Vorteile willen,
trennt sich von Gott.

Dom Pedro Casaldáliga, Brasilien

Ein Lied nicht für Duckmäuser

Glücklich der Mensch,
der seine Hoffnung nicht auf den Mammon setzt,
der sich nicht einrichtet im Alltag dieses Lebens,
der unbestechlich ist, auch wenn es etwas kostet.
Glücklich ist er.

Glücklich der Mensch,
der sein Haupt vor den Mächtigen nicht beugt,
der den Kollegen am Arbeitsplatz nicht verrät,
der unbeugsam ist im Kampf, Tag für Tag.
Glücklich ist er.

Glücklich der Mensch,
der sich den Launen der Mode widersetzt,
der nicht Gehör schenkt der trügerischen Werbung,
der auch nicht Parolen von Scharlatanen folgt.
Glücklich ist er.

Glücklich der Mensch,
der sein Gewissen nicht um jeden Preis verkauft,
der auf dem Pfad nicht in die Irre geht,
der nicht versinkt in komplizenhaftes Schweigen.
Glücklich ist er.

Glücklich der Mensch,
der seine Schritte auf Deine Pfade lenkt.
Er wird sein wie ein Baum, wuchtig und stark,
der Schatten und Freude spendet auf dem Weg.
Glücklich ist er.

aus Peru

Mit diesen Händen

(Für Jona, den Propheten, den der Tod nicht auslöschte.)

Ich werde den Boden von morgen bebauen.
Mit diesen Händen, die noch Fesseln tragen.
Es macht nichts, das Blut,
ob es meinen Händen entspringt oder der verletzten Erde.
Es macht nichts, wenn die Ernte des Lichts noch dauert,
oder wenn der Bodensatz der Nacht noch lebt.
es macht nichts, daß der Auftritt des Feindes
nur Trümmer hinterlassen hat.
Ich werde den Boden von morgen bebauen,
auch wenn ich heute zusammenfügen muß
den Körper meines Bruders, der zerstückelt wurde.
Es macht nichts, wenn die Ernte des Lichts noch dauert.

Hamilton Pereira Silva, Brasilien

Kommt, ihr Armen

Kommt, ihr Besitzer der Armut,
die ihr keinen Namen habt im Jahrhundert.
Kommt, ihr Menschen der Betrachtung.
Kommt, die ihr die Sprache gewechselt habt.
Kommt, ihr Fremden und Vagabunden.
Kommt, ihr Barfußmenschen, und die ihr Augen habt voll Entsetzen.

Jesus Christus, König der Könige, will euch die Füße waschen.
Der Sohn des Tischlers kann euch nicht verlassen.

Jorge de Lima, Brasilien

Zeichen des Neuen

Ein Lächeln in jedem Mund, eine Blume in jeder Hand,
die Gewißheit auf dem Weg, die Liebe im Herzen,
ein neues Samenkorn, verborgen in jeder Spanne dieses Bodens.

Der Traum, den man allein träumt, kann reine Illusion sein.
Der Traum, den man gemeinsam träumt,
ist Zeichen des Neuen.
Also laßt uns, Weggenossen, schnell träumen, gemeinsam träumen.

Lied brasilianischer Basisgemeinden

Gott teilt sich mit

Gott teilt sich mit, er wird Mensch. Er wird Jude. Er wird Palästinenser.
Er wird zerteilt. So kommt er unter die Menschen.

Unter Menschen lebt er, leidet er, stirbt er, lebt er heute und morgen.

Die einen hoffen, was die anderen fürchten:
daß er nicht nur sich selbst mitteilt,
sondern daß er alles teilt, was er ist, was er hat,
Frieden, Gerechtigkeit, Freiheit, Liebe.

Er teilt mit mir, mit dem letzten Menschen seine Würde.
Jeder trägt sein Bild, jeder ist sein Bild
in Kwangju und Kabul, in Soweto und San Salvador,
in Stuttgart und ich-weiß-nicht-wo.

Er opfert seinen Frieden, seine Gerechtigkeit, seine Freiheit, seine Liebe
den Menschen auf der Erde, allen zum Wohlgefallen.

Er vergißt nicht, Gutes zu tun.

Er verändert Menschen und Verhältnisse,
die Unfrieden und Unrecht, Unfreiheit und Lieblosigkeit
mitsamt ihrer expansiven Verwandtschaft schaffen, dulden, verharmlosen.

Er teil mit mir, er teilt sich mir mit.
Er teilt durch mich anderen mit, was der Teilung und Mitteilung wert ist.

Martin Stöhr

Sie schickten mich zur Schule

Als ich nach Frieden fragte, bekam ich ein Gewehr.
Als ich nach Liebe fragte, bekam ich Geld.

Als ich nach Gerechtigkeit fragte, gaben sie mir das Gesetz.
Als ich nach Wahrhaftigkeit fragte, sagten sie mir die Wahrheit.

Als ich nach den Städten der Menschen suchte, zeigten sie mir Dallas.
Als ich Gott suchte, gaben sie mir den Katechismus.

Und noch bevor ich meine Fragen wußte,
schickten sie mich in die Schule, ihre Antworten zu lernen.

Conto

Wenn

Wenn die Faschisten siegen, sterben die Pazifisten.
Wenn die Rassisten siegen, sterben die Rassen.
Wenn die Maschinen siegen, sterben die Menschen.
Wenn die Materie siegt, stirbt der Geist.
Wenn das Nichts siegt, stirbt die Seele.
Wenn der Tod siegt, stirbt das Leben.
Wenn das Gute siegt, stirbt das Schlechte.
Wenn die Menschlichkeit siegt, stirbt der Haß.

Wenn Gott siegt, lebt der Mensch.

Walter Boscheinen

Das Licht

„Man zündet kein Licht an und stellt es unter einen Scheffel."
(Matth. 5, 15)

Wir brauchen unser Licht nicht unter den Scheffel zu stellen,
sagt da einer.

Recht hat er, es steht ja schon darunter,
und daß es nicht leuchtet,
das sieht ja ein Blinder mit dem Krückstock.

Lothar Zenetti

Was tust du

Sage mir nicht, daß es auf der Welt Krieg gibt.
Sage mir nicht, daß Menschen vor Hunger umkommen.
Sage mir nicht, daß Menschen aus Haß morden.
Sage mir nicht, daß Menschen unterdrückt und gehetzt werden.

Sage mir, was tust du ...

Barbara Weßbecher

Der moderne Judas küßt nicht

Er ist geübt im Verrat.
Er hält sich die Augen zu, um das Leiden nicht zu sehen.
Er hält sich die Ohren zu, um die Schreie nicht zu hören.
Er hält sich die Nase zu, um die Ungerechtigkeit nicht zu wittern.

Der moderne Judas küßt nicht.
Er ist geübt im Verrat,
und er macht den Mund weit auf, um den Lärm der Zeit noch zu übertönen.

Denn sonst, im Schweigen,
im Schweigen könnte es ihm passieren, daß er Gott rufen hört:

Mein Mensch, mein Mensch, warum hast du mich verlassen?

Und es könnte ihm passieren,
daß er hinter diesem Ruf die Liebe erkennt,
die damals am Kreuz so deutlich war und so glaubhaft.

Es könnte ihm passieren, daß er diese Liebe zu lieben begänne,
aus Überzeugung und Begeisterung für das Leben.

Warum eigentlich nicht, Judas?
Warum willst du Komplize der Lüge sein
und nicht Gefährte der Hoffnung?

Peter Spangenberg

Der moderne Petrus leugnet nicht

Er ist geübt in der Ausrede, perfekt im Ausweichen.
Er hat Traditionen zur Verfügung, auf die er sich zurückziehen kann.
Er kann sich auf Macht berufen, die ihn absichert.
Er weiß Formen und Floskeln, die ihn unangreifbar machen,
und heute krähen ja nicht nur Hähne, und es fragen nicht nur Mägde.

Der moderne Petrus leugnet nicht, er ist geübt in der Ausrede.

Denn sonst, im Spiegel der Wahrheit, könnte es ihm passieren,
daß er Gottes Antlitz sieht in den Gesichtern der Menschen.
Und es könnte ihm passieren, daß er erkennt, was Nachfolge ist:

Gott auf die Spur und den Menschen auf die Schliche kommen,

und endlich sagen können:
Danke, Herr, daß du mich brauchst im Bekenntnis zur Welt!

Und es könnte ihm passieren, daß er diese Welt zu lieben begänne,
aus Begeisterung für die Wahrheit.

Warum eigentlich nicht, Petrus?
Warum willst du Partner der Gewalt sein,
nicht aber Gefährte der Freiheit?

Peter Spangenberg

Der Frieden

Er lehnt an einem Baum.
Das Holz ist verkauft.
Das Land ist verpachtet.
Das Wasser verseucht.
Der Regen bringt die Vögel um.
Jemand zielt auf ihn.
Er hebt die Arme am schwarzen Holz.
Es ist noch nicht vollbracht.

Dorothee Sölle

Quartett

Wenn der Musikant den Klang,
wenn der Klang die Farbe,
wenn die Farbe den Raum,
wenn der Raum den Tänzer,
wenn der Tänzer den Leib,
wenn der Leib den Atem,
wenn der Atem das Instrument,
wenn das Instrument den Musikanten -

o wir werden einander liebhaben,
ein Quartett stimmen, das die Finsternis gestaltet
zu einem befreienden Licht.

Lizzy Sara May

Kleine Nachrichten

Genaues über die Gewalt gibt es nicht zu sagen.

Aber nach dem, was man so sieht und hört,
soll sie bereits größere Ausmaße angenommen,
und wie man vielfach weiß,
ihre Spuren in das Fleisch der Opfer gekratzt haben.

Woher sie gekommen ist, läßt sich nicht mehr feststellen.
Aber dort, wo sie ihr Zelt aufstellt, wächst kein Gras mehr.

Kurt Leitner

In jedem Menschen, der frei ist

Für diese Erde ohne Licht wird der Herr geboren.
Um die Finsternis zu besiegen wird der Herr geboren.
Um die Welt zu verändern wird der Herr alle Tage geboren.

Um die Freiheit zu bringen wird der Herr geboren.
Um die Ketten zu zerbrechen wird der Herr geboren.
In jedem Menschen, der frei ist, wird der Herr alle Tage geboren.

aus Lima

Aufstand

Wenn einer aufsteht und nach deinem Willen lebt -
keiner kann ihn zwingen, sich wieder zu setzen.

Wenn einer aufsteht und redet -
keiner kann ihn zwingen, zu schweigen.

Wenn einer aufsteht und bekennt -
keiner kann ihm den Mund verbieten.

Wenn einer aufsteht und seinen Weg geht -
keiner kann ihn aufhalten.

Wenn einer aufsteht und sein Lied singt -
keiner kann die Töne einfangen.

Wenn einer aufsteht und sieht -
keiner kann ihm die Augen verbinden.

Wenn einer aufsteht und hört -
keiner kann ihm die Ohren verschließen.

Wenn einer aufsteht, dann stehen viele mit ihm auf.
Ich sehe es bei Jesus.

Uwe Seidel

Auf der Schwelle des Hauses

In den Dünen sitzen.
Nichts sehen als Sonne.
Nichts fühlen als Wärme.
Nichts hören als Brandung.
Zwischen zwei Herzschlägen glauben:

Nun ist Frieden.

Günter Kunert

Das rechte Maß

Wenn Gott den Menschen mißt,
legt er das Maßband nicht um den Kopf, sondern um das Herz.

aus Irland

Friedenserklärung

Sollte je die Regierung meines Volkes
der Regierung eines anderen Volkes,
in dem auch deine Kinder leben, Vater,
den Krieg erklären,

so erkläre ich jenen schon heute
in deinem Namen
den Frieden.

Gerhard Schnath

Euer Friede

Jesus sagt,
ich bin nicht gekommen, Frieden zu bringen, sondern das Schwert.

Der Friede, der die Unzufriedenen und Unbefriedigten,
die Unbefriedeten vertröstet,
weil eben nichts vollkommen sei auf dieser Welt,
dieser Friede ist nicht mein Friede.

Aussendung

Eine alte Legende erzählt:

Als Christus zum Himmel aufgefahren war, fragten ihn die Engel,
wie es denn nun mit seinem Reich auf der Erde weitergehen solle.
"Ich habe doch meine Jünger auf Erden," antwortete Christus.
Aber die Engel sahen, wie unbedeutend, wie schwach und wie verzagt die Jünger waren,
und fragten erschrocken:
"Herr, hast du denn wirklich keinen anderen, keinen besseren Plan?"
Und Christus entgegnete: „Nein, einen anderen Plan habe ich nicht."

Das Kreuz

Vergeßt nie, wenn ihr ein Kreuz an einer Kette am Hals tragt,
wenn ihr es euch in eure Zimmer hängt,
oder wenn ihr es in einer Kirche betrachtet,
wo es wohlgeformt, golden und mit Edelsteinen besetzt, zum Beten einlädt,
vergeßt nie, daß es kein Schmuckstück ist,
sondern das Zeichen für Leid und Tod,
und das Zeichen der Hoffnung.

Hubert Röser

Notprogramm

Gott sandte unserer gequälten Welt keine technische Hilfe,
Gabriel mit einer Expertengruppe.
Er schickte uns auch keine Nahrungsmittel
und keine gebrauchten Kleider von Engeln.
Ebensowenig gewährte er uns einen langfristigen Kredit.

Er kam lieber selbst,
geboren in einem Stall, hungernd in der Wüste, nackt an einem Kreuz.
Er teilte mit uns und war unser Brot,
er litt mit uns und wurde
unsere Freude.

unbekannter Dichter aus Hongkong

Vision

Einmal wird ein großes Aufstehen durch die Reihen gehen,
und auch der immer „setzen!“ gebrüllt hat, bleibt nicht sitzen.

Träume dir eine Schule,
in der nicht Konkurrenz und Zwang gelehrt werden,
in der Liebe Pflichtfach ist.

Male dir aus eine Schule,
in der du nicht eine Zensur bist,
in der du der Maßstab bist.

Stelle dir vor eine Schule,
in der nicht fortgenommen und zugeteilt wird,
in der du dich austeilst.

Sorge für eine Schule,
in der der Ernstfall geprobt wird,
weil der Ernstfall jetzt ist.

Einmal werden Füllfederhalter flügge
und führen einen Freudentanz auf
in einer Luft, die nach Freiheit riecht.

Stefan Bollmann

Neuer Ton

Du hast mich einmal bewegt
und läßt deine Hand nicht mehr aus dem Spiel,
wie der Töpfer den Ton anregt,
und das Neue bricht ein in die Zeit.

Selig seid ihr,

hatte er gesagt,
wenn ihr Frieden stiftet hier auf Erden.

Selig seid ihr, hatte er gepredigt,
wenn ihr vor Gott nur ihr selber seid, sonst nichts,
euch gehört das Himmelreich.

Selig seid ihr, hatte er ihnen zugerufen,
wenn ihr keine Gewalt anwendet,
euch gehört das Land.

Selig seid ihr, hatte er ihnen zusprochen,
wenn ihr hungert und dürstet nach der Gerechtigkeit,
ihr sollt alle satt werden.

Jesus hatte sie gespeist, Speise für Seele,
und 5000 waren satt geworden für den Augenblick.
Aber sie waren nicht satt zu bekommen für ein ganzes Leben.

Matthäus 5, übertragen von Uwe Seidel

Wie kamst du gerade auf mich?

Auch heute wieder frage ich mich,
wer du warst oder bist, was du willst.

Viele wissen das besser, einige folgen dir nach.

Wie aber kamst du auch noch auf mich?
Bin doch nicht der, den du brauchst!

Dennoch,
dennoch komm ich nicht los von Dir.

Kurt Marti

Dein Reich komme

Dein Reich komme,
weil Reichtum bunt erblühen will
in der Gerechtigkeit für alle,
in Schwesterlichkeit, Brüderlichkeit,
in segensvollen Erfindungen,
in unserer Freundschaft mit der Natur,
in Anbetungen jeder Art,
in Entfaltungen des Geistes,
in Erleuchtungen der Sinne,
(mystisch, tantrisch, wie auch immer),
in der Allgegenwart und Allmacht der Liebe,

- damit du, unendlich reich schon immer,
schließlich auch unter uns wirst
alles in allem.

Kurt Marti

Aufruf

Laßt die Liebe blühen, daß der Friede wächst,
laßt den Frieden in euer Herz, daß die Menschen erlöster aussehen,
befreit den Menschen, damit er von den Ansichten läßt,
und die Meinungen einstellt, und sagen kann:

ich bin für dich und nicht gegen dich,
ich bin mit dir und nicht vor dir oder nach dir,
ich bin neben dir und nicht über dir,

auch wenn du gegen mich bist.

Hanns Dieter Hüsch

Irische Segenssprüche

Ich wünsche dir Frieden

Ich wünsche dir den Frieden der Meeresdünung,
den Frieden der sanften Brise,
den Frieden der schweigsamen Erde,
den Frieden der klaren Sternennacht,
ich wünsche dir den Frieden Jesu Christi,
der unser Friede ist für alle Zeit.

Reisesegen

Möge der Weg dir freundlich entgegenkommen,
der Wind niemals gegen dich stehen,
Sonnenschein dein Gesicht bräunen,
Wärme dich erfüllen.
Der Regen möge deine Felder tränken,
und bis wir beide uns wiedersehen
halte Gott dich schützend in seiner großen Hand.

Lebenssegen

Deine Hände sollen immer Arbeit finden,
immer ein Groschen in deiner Tasche sein,
wenn du ihn brauchst.

Das Sonnenlicht soll auf dein Fenstersims scheinen,
und dein Herz voll Gewißheit sein,
daß nach jedem Unwetter ein Regenbogen leuchtet.

Der Tag sei dir günstig und die Nacht dir gnädig.
Die gute Hand eines Freundes soll dich immer halten.
Möge Gott dir das Herz erfüllen mir Frohsinn und Freude.

Haussegen

Gott, segne die Welt und was sie erfüllt.
Segne das Haus und die es bewohnen,
segne meine Frau und meine Kinder,
segne meine Augen und meine Hände,
segne mein Aufstehen am Morgen
und mein Niederlegen am Abend des Tages.

Umgib mit Sorge meine Herde, die Tiere, deren Hüter ich bin.
Wenn die Schafe den Hügel hinan durch die Wildnis ziehen,
sei du ihnen ein Guter Hirte, damit ich in Frieden ruhen kann.

Der Herr sei mit dir

Der Herr sei vor dir, um dir den rechten Weg zu zeigen.
der Herr sei neben dir, um dich in die Arme zu schließen
und dich zu schützen gegen Gefahren von links und rechts.
Der Herr sei hinter dir, um dich zu bewahren vor der Heimtücke böser Menschen.
Der Herr sei unter dir, um dich aufzufangen, wenn du fällst,
und dich aus der Schlinge zu ziehen.
Der Herr sei in dir, um dich zu trösten, wenn du traurig bist.
Der Herr sei um dich herum, um dich zu verteidigen, wenn andere über dich herfallen.
Der Herr sei über dir, um dich zu segnen.

So segne dich der gütige Gott.

Morgensegen

Ich lege an die Kraft des Himmels,
das Licht der aufgehenden Sonne,
die Strahlen des Mondes,
den Glanz des Feuers,
die Beständigkeit der Erde,
die Härte eines Steines.

Ich lege an Gottes Kraft als mein Steuer,
Gottes Macht als meine Stütze,
Gottes Weisheit als meinen Weg,
Gottes Auge als mein Sehen,
Gottes Ohr als mein Hören,
Gottes Wort als meine Sprache,
Gottes Hand als meinen Schutz,
Gottes Weg als meine Zukunft.

Ich lege an die Kraft des Herrn,
bekenne ihn, der mich schuf, als meinen Gott.

Nachtsegen

Lege deine Hand, o Gott, unter mein Haupt,
laß dein Licht leuchten über mir.
Der Segen deiner Engel schütze mich vom Scheitel bis zur Sohle.

Gedenke nicht der Unzahl meiner Sünden,
richte nicht nach dem, was ich an diesem Tag getan.
Vergiß mich nicht, wenn du die Deinen zählst.

Der Segen Mariens komme über mich
und berge meine Seele in Frieden.
Starker Michael, schütze mich bei Tag und Nacht,
in jeder dunklen Stunde,
bis strahlend schön die Sonne über den Bergen aufgeht.

Weihnachtssegen

Nicht, daß jedes Leid dich verschonen möge,
noch, daß dein zukünftiger Weg stets Rosen trage,
daß keine bittere Träne über deine Wange komme
und kein Schmerz dich quäle - dies alles wünsche ich dir nicht.

Sondern: daß dankbar du allzeit bewahrst
die Erinnerung an gute Tage,
daß mutig du gehst durch Prüfungen,
auch wenn das Kreuz auf deinen Schultern lastet,
und das Licht der Hoffnung schwindet.

Was ich dir wünsche: daß jede Gabe Gottes in dir wachse,
daß einen Freund du hast, der deiner Freundschaft wert,
und ein Freundin, die deine Güte erwidert,
und daß in Freud und Leid
das Lächeln des menschgewordenen Gotteskindes
dich begleiten möge.

Im neuen Jahr

Gesegnet sei das neue Jahr, gesegnet Jesu Namen,
gesegnet dieser Gnadentag, denn Gott will sich erbarmen.
Wir ziehen an ein neues Herz, und opfern uns dem Herren,
kein anderes Geschenk will er, als daß wir ihn begehren.

Segen

Bleibt lebendig

Bleibt lebendig, vom Atem Gottes beseelt,
bestellt seine Erde.

Bleibt lebendig, von Gottes Kreuz gerichtet,
richtet euch auf.

Bleibt lebendig, von Gottes Liebe erschaffen,
schafft mit an seinem Reich.

Sybille Fritsch

Wir stehen zusammen

Laßt uns einander bestärken in unseren bescheidenen
und manchmal auch außergewöhnlichen Möglichkeiten.
Laßt uns einander die Sehnsucht anvertrauen
nach einer geschwisterlichen Welt, die tief in uns lebt,
und die Einsichten unserer Herzen willkommen heißen.

Wir stehen zusammen.

Laßt uns den Schmerz in unserem Inneren wahrhaben,
die Anstrengungen des Kampfes,
den Kummer der Niederlage und des Todes.

Wir stehen zusammen.

Laßt uns in unserem Wagemut uns unterstützen,
in der Kühnheit unseres Geistes
und in der Entschlossenheit unseres Handelns.

Wir stehen zusammen.

Laßt uns unser Lachen und unsere Freude hochschätzen,
die Unbekümmertheit,
mit der Menschen immer wieder anfangen zu hoffen wider alle Hoffnung,
und die Freude, die uns unsere Beziehungen bereiten.

Wir stehen zusammen.

Laßt uns diesen Ort gestärkt verlassen,
bestärkt in der Gewißheit,
daß wir in Gott, durch ihn und in ihm gesegnet sind,
da wir einander segneten.

Wir stehen zusammen.

Diethard Zils

Kindersegen

Gott segne euch und seid beschützt
vor harten Herzen und bösen Blicken, vor Schlägen und vor Tritten.

Gott segne euch und seid beschützt
vor Schwertern und Gewehren, Kanonen und Bomben,
vor Krieg und Feindschaft. Seid beschützt.

Gott segne euch und seid ummantelt
von seiner Liebe, wie von der Liebe der Mutter,
seid aufgehoben wie in der Liebe des Vaters,
seid gehalten wie von einem Freund
und in die Arme genommen wie von einer Freundin.

Gott segnet euch, ihr seid beschützt,
denn niemand kann euch aus seiner Hand reißen,
niemand euch trennen von ihm,
niemand euren Namen aus seinem Herzen tilgen.

Gott segnet euch, ihr seid beschützt,
denn ihr gehört zum Reich Gottes.

(Lies nach bei Markus 10, 13-16)

Uwe Seidel

Zuspruch und Segen

Keinen Tag soll es geben, an dem ihr sagen müßt,
niemand ist da, der uns hört.

Keinen Tag soll es geben, an dem ihr sagen müßt,
niemand ist da, der uns schützt.

Keinen Tag soll es geben, an dem ihr sagen müßt,
niemand ist da, der uns hilft.

Keinen Tag soll es geben, an dem ihr sagen müßt,
wir halten es nicht mehr aus.

Uwe Seidel

Segen für den Erdkreis

Gottes Friede für Afrika,
Gottes Freundlichkeit dem nördlichen Amerika,
Gottes Freiheit für Lateinamerika,
Gottes Unverfügbarkeit für Asien,
Gottes Lächeln über Australien,
Gottes Bescheidenheit für Europa,
Gottes ansteckende Gesundheit für Ozeanien.

Die sieben Gaben von Gottes Geist über alle Teile der Welt.

Segne deine Kinder, du Vater, du Sohn, du Heiliger Geist.

Diethard Zils

Auftrag und Segen

Gehet hin in Frieden.
Tröstet die Traurigen, greift den Armen unter die Arme,
bringt die Einsamen zusammen, besucht die Kranken.
So bringt ihr die Freude Gottes in ihr Haus: mit einem Augenblick.

Geht hin in Frieden.
Verschließt eure Tür den Menschen nicht,
schließt euch auf für Freund und Feind,
denn eure Liebe wird glaubwürdig in der Tat.
So werdet ihr zum Salz der Erde und zum Licht der Welt.

Gehet hin in Frieden.
Bringt euren Feinden die Freundlichkeit Gottes entgegen,
haltet schützend die Hände über die, die schwach und elend sind,
schafft Raum zum Leben für Freund und Feind.
So seid ihr Gottes Kinder.

Gehet hin in Frieden.
Lebt mit neuen Gedanken einen neuen Glauben,
seid ein Echo für den Himmel hier auf der Erde,
verwandelt das Böse in das Gute.

Uwe Seidel

Der Anfang ist

Der Anfang ist und Ende,
der schütze euer Leben,
nehm euch in feste Hände.

Der eure Zeiten teilte,
der stärke eure Seelen,
weil sein Tod Leben heilte.

Die ewig euch begleitet,
die lehre euch zu lieben,
wie zeitlos sie euch leitet.

Sybille Fritsch

Der Segen des Gottes von Sarah

Der Segen des Gottes von Sarah und Abraham,
der Segen des Sohnes, von Maria geboren,
der Segen des Heiligen Geistes,
der über uns wacht wie eine Mutter über ihre Kinder,
sei mit euch allen.

Amen.

Lois Wilson, Kanada

Gottes Segen für alle Welt

Gott sei uns gnädig und segne uns,
er lasse uns sein Antlitz leuchten,
daß man auf Erden erkenne seinen Weg,
und unter allen Völkern sein Heil.

Es danken dir, Gott, die Völker,
es danken dir alle Völker.
Sie freuen sich und jauchzen
wenn du die Menschen recht leitest
und die Völker regierst auf Erden.

Das Land gibt sein Gewächs.

So segne uns Gott, unser Gott,
und alle Welt vertraue auf ihn.

aus Psalm 67

Mit Unbeantwortbarem leben

Der unbegreifliche Gott
erfülle dein Leben mit seiner Kraft,

daß du entbehren kannst,
ohne hart zu werden,

daß du leiden kannst,
ohne zu zerbrechen,

daß du Niederlagen hinnehmen kannst,
ohne dich aufzugeben,

daß du schuldig werden kannst,
ohne dich zu verachten,

daß du mit Unbeantwortbarem leben kannst,
ohne die Hoffnung preiszugeben.

Sabine Naegeli

Quellenhinweis

Die Gebete von Huub **Oosterhuis** sind dem Buch **Im Vorübergehen**, Herder-Verlag Wien, Freiburg, Basel, entnommen. Die Texte von Lothar **Zenetti** stammen aus **Die wunderbare Zeitvermehrung**, Variationen zum Evangelium, Verlag J. Pfeiffer, München. Die jüdischen Weisheiten in den Denkanstößen der Tagesliturgien notierte Martin **Buber** in **Die Erzählungen des Chassidim**, Manesse-Verlag, Zürich. Das Gesamtwerk von Wolfgang **Borchert** ist bei Rowohlt erschienen. Gebete und Bekenntnisse aus Lateinamerika finden sich in **Sehnsucht nach dem Fest**, Antonio **Reiser** und Paul Gerhard **Schoenborn**, Hg., Peter Hammer Verlag, Wuppertal. Die Gebete aus anderen Ländern sammelte Christoph **Einiger**, sie stehen in **Die schönsten Gebete der Welt**, Südwest Verlag, München. Die Denkanstöße von Peter **Spangenberg** fanden wir in seinem Buch **Feuerball und Regenbogen**, Fabelhaftes und Nachdenkliches zu biblischen Themen, GTB Siebenstern. Das Gedicht von Günther **Kunert** entnahmen wir dem Buch **Erinnerung an einen Planeten**, Carl Hanser Verlag, München. Einzelne Texte und Gebete sind aus **Gebete zum Frieden**, Uwe **Seidel** und Diethard **Zils**, Hg., Peter Hammer Verlag, Wuppertal. Auch die **Irischen Segenssprüche** sind bei Peter Hammer erschienen. Die Beiträge von Sybille **Fritsch** stehen in dem Buch **Was mich beseelt**, tvd-Verlag, Düsseldorf.

Wir danken den Verlagen für die Nachdruckerlaubnis.

A 37 O Heiland, reiß die Himmel auf

EKG 5 / GL 105

2. O Gott, ein' Tau vom Himmel gieß, im Tau herab, o Heiland, fließ. Ihr Wolken, brecht und regnet aus den König über Jakobs Haus.

3. O Erd, schlag aus, schlag aus, o Erd, daß Berg und Tal, grün alles werd. O Erd, herfür dies Blümlein bring, o Heiland, aus der Erden spring.

4. Wo bleibst du, Trost der ganzen Welt, darauf sie all ihr Hoffnung stellt? O komm, ach komm vom höchsten Saal, komm, tröst uns hier im Jammertal.

5. O klare Sonn, du schöner Stern, dich wollten wir anschauen gern. O Sonn, geh auf, ohn deinen Schein in Finsternis wir alle sein.

6. Hier leiden wir die größte Not, vor Augen steht der ewig Tod. Ach komm, führ uns mit starker Hand vom Elend zu dem Vaterland.

Text: Friedrich Spee 1622, Melodie: Rheinfelsisches Gesangbuch, Augsburg 1666

A 38 Mit Ernst, o Menschenkinder

EKG 9 / GL 113

2. Bereitet doch beizeiten den Weg dem großen Gast und rüstet euch mit Freuden, laßt alles, was er haßt. Macht eben jeden Pfad, die Täler all erhöhet, macht niedrig, was hoch stehet, was krumm ist, macht gerad.

3. Ach mache du mich Armen zu dieser heilgen Zeit aus Güte und Erbarmen, Herr Jesu, selbst bereit. Zieh in mein Herz hinein vom Stall und von der Krippen, so werden Herz und Lippen dir allzeit dankbar sein.

Text: Valentin Thilo 1642, Str. 3 Hannoversches Gesangbuch, Lüneburg 1657
Musik: Lyon 1557, geistlich Erfurt 1563

A 39 Wachet auf, ruft uns die Stimme

EKG 121 / GL 110

2. Zion hört die Wächter singen; das Herz tut ihr vor Freude springen, sie wachet und steht eilend auf. Ihr Freund kommt vom Himmel prächtig, von Gnaden stark, von Wahrheit mächtig; ihr Licht wird hell, ihr Stern geht auf. „Nun komm, du werte Kron, Herr Jesu, Gottes Sohn. Hosianna. Wir folgen all zum Freudensaal und halten mit das Abendmahl."

3. Gloria sei dir gesungen mit Menschen- und mit Engelzungen, mit Harfen und mit Zimbeln schön. Von zwölf Perlen sind die Tore an deiner Stadt; wir stehn im Chore der Engel hoch um deinen Thron. Kein Aug hat je gespürt, kein Ohr hat mehr gehört solche Freude. Des jauchzen wir und singen dir das Halleluja für und für.

Text und Melodie: Philipp Nicolai 1599

A 40 Lobt Gott, ihr Christen

EKG 21 / GL 134

2. Er kommt aus seines Vaters Schoß und wird ein Kindlein klein, er liegt dort elend, nackt und bloß in einem Krippelein, in einem Krippelein,

3. entäußert sich all seiner Gewalt, wird niedrig und gering und nimmt an eines Knechts Gestalt, der Schöpfer aller Ding, der Schöpfer aller Ding.

4. Heut schließt er wieder auf die Tür zum schönen Paradeis; der Kerub steht nicht mehr dafür. Gott sei Lob, Ehr und Preis, Gott sei Lob, Ehr und Preis.

Text und Melodie: Nikolaus Hermann 1560/1554

A 41 Gelobet seist du, Jesu Christ

EKG 15 / GL 130

2. Des ewgen Vaters einig Kind jetzt man in der Krippe findt; in unser armes Fleisch und Blut verkleidet sich das ewig Gut. Kyrieleis.

3. Den aller Welt Kreis nie beschloß, der liegt in Marien Schoß; er ist ein Kindlein worden klein, der alle Ding erhält allein. Kyrieleis

4. Das ewig Licht geht da herein, gibt der Welt ein' neuen Schein; es leucht' wohl mitten in der Nacht und uns zu Lichtes Kindern macht. Kyrieleis.

5. Das hat er alles uns getan, sein groß Lieb zu zeigen an. Des freu sich alle Christenheit und dank ihm des in Ewigkeit. Kyrieleis.

Text: Medingen bei Lüneburg um 1380; Str. 2-7 Martin Luther 1524
Melodie: Medingen um 1460 / Wittenberg 1524

A 42 Ich steh an deiner Krippe hier

EKG 28 / GL 141

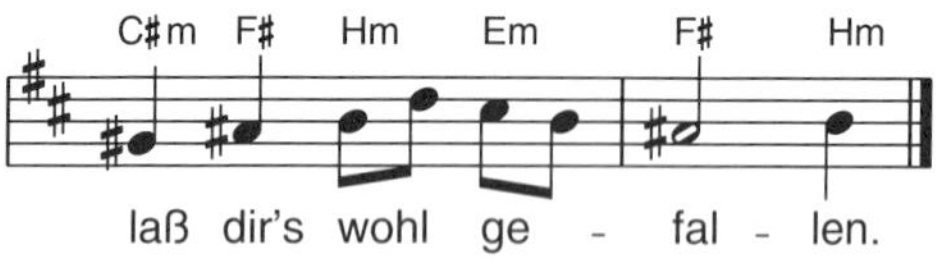

(Dieses Lied kann auch auf die Melodie des folgenden Liedes gesungen werden.)

2. Da ich noch nicht geboren war, da bist du mir geboren und hast mich dir zu eigen gar, eh ich dich kannt, erkoren. Eh ich durch deine Hand gemacht, da hast du schon bei dir bedacht, wie du mein wolltest werden.

3. Ich lag in tiefster Todesnacht, du warest meine Sonne, die Sonne, die mir zugebracht Licht, Leben, Freud und Wonne. O Sonne, die das werte Licht des Glaubens in mir zugericht', wie schön sind deine Strahlen.

4. Ich sehe dich mit Freuden an und kann mich nicht satt sehen; und weil ich nun nichts weiter kann, bleib ich anbetend stehen. O daß mein Sinn ein Abgrund wär und meine Seel ein weites Meer, daß ich dich möchte fassen.

Text: Paul Gerhardt 1653, Melodie: Johann Sebastian Bach

A 43 Lobpreiset all zu dieser Zeit

GL 158

2. Christus hat unser Jahr erneut und hellen Tag gegeben, da er aus seiner Herrlichkeit eintrat ins Erdenleben. Dem Herrn, der Tag und Jahr geschenkt ...

3. Er ist der Weg, auf dem wir gehn, die Wahrheit, der wir trauen. Er will als Bruder bei uns stehn, bis wir im Glanz ihn schauen. Dem Herrn, der Tag und Jahr geschenkt ...

Text: nach Heinrich Bone 1852; Str. 3 EGB 1969, Melodie: Wittenberg 1529

A 44 Wie schön leuchtet der Morgenstern

EKG 48 / GL 554

2. Von Gott kommt mir ein Freudenschein, wenn du mich mit den Augen dein gar freundlich tust anblicken. Herr Jesu, du mein trautes Gut, dein Wort, dein Geist, dein Leib und Blut mich innerlich erquicken. Nimm mich freundlich in dein Arme und erbarme dich in Gnaden. Auf dein Wort komm ich geladen.

3. Stimmt die Saiten der Kitara und laßt die süße Musica ganz freudenreich erschallen, daß ich möge mit Jesus Christ, der meines Herzens Bräut'gam ist, in steter Liebe wallen. Singet, springet, jubilieret, triumphieret, dankt dem Herren. Groß ist der König der Ehren.

4. Wie bin ich doch so herzlich froh, daß mein nun ist das A und O, der Anfang und das Ende. Er wird mich doch zu seinem Preis aufnehmen in das Paradeis; des schlag ich in die Hände. Amen, Amen, komm, du schöne Freudenkrone, säum nicht lange. Deiner wart ich mit Verlangen.

Text: nach Philipp Nicolai 1599, Melodie: Philipp Nicolai 1599

A 45 O Haupt, voll Blut und Wunden

EKG 63 / GL 179

2. Du edles Angesichte, davor sonst schrickt und scheut das große Weltgewichte: wie bist du so bespeit, wie bist du so erbleichet! Wer hat dein Augenlicht, dem sonst kein Licht nicht gleichet, so schändlich zugericht'?

3. Die Farbe deiner Wangen, der roten Lippen Pracht ist hin und ganz vergangen; des blassen Todes Macht hat alles hingenommen, hat alles hingerafft, und daher bist du kommen von deines Leibes Kraft.

4. Nun, was du, Herr, erduldet, ist alles meine Last; ich hab es selbst verschuldet, was du getragen hast. Schau her, hier steh ich Armer, der Zorn verdienet hat; gib mir, o mein Erbarmer, den Anblick deiner Gnad.

Text: Paul Gerhardt 1656, Melodie: Hans Leo Hassler 1601, geistl. Görlitz 1613

A 46 Herzliebster Jesu

EKG 60 / GL 180

2. Du wirst gegeißelt und mit Dorn gekrönet, ins Angesicht geschlagen und verhöhnet, du wirst mit Essig und mit Gall getränket, ans Kreuz gehenket.

3. Was ist doch wohl die Ursach solcher Plagen? Ach, meine Sünden haben dich geschlagen; ich, mein Herr Jesu, habe dies verschuldet, was du erduldet.

4. Wie wunderbarlich ist doch diese Strafe! Der gute Hirte leidet für die Schafe. Die Schuld bezahlt der Herre, der Gerechte, für seine Knechte.

Text: Johann Heermann 1630, Melodie: Genf 1543, Johann Crüger 1640

A 47 Gelobt sei Gott im höchsten Thron

EKG 79 / GL 218

2. Des Morgens früh am dritten Tag, da noch der Stein am Grabe lag, erstand er frei ohn alle Klag. Halleluja ...

3. Der Engel sprach: „Nun fürcht' euch nicht, denn ich weiß wohl, was euch gebricht: ihr sucht Jesus; den findt ihr nicht. Halleluja ...

4. Er ist erstanden von dem Tod, hat überwunden alle Not. Kommt, seht, wo er gelegen hat." Halleluja ...

5. Nun bitten wir dich, Jesu Christ, weil du vom Tod erstanden bist: Verleihe, was uns selig ist. Halleluja ...

6. O mache unser Herz bereit, damit von Sünden wir befreit dir mögen singen allezeit. Halleluja ...

Text: Michael Weiße 1531, Melodie: Melchior Vulpius 1609

A 48 Wir wollen alle fröhlich sein

EKG 82 / GL 223

2. Es ist erstanden Jesus Christ, der an dem Kreuz gestorben ist; ihm sei Lob, Ehr zu aller Frist. Halleluja ...

3. Er hat zerstört der Höllen Pfort, die Seinen all herausgeführt und uns erlöst vom ewgen Tod. Halleluja ...

4. Des freu sich alle Christenheit und lobe die Dreifaltigkeit von nun an bis in Ewigkeit. Halleluja ...

Text: Medingen um 1380, Strophe 2-5 Eisleben 1568, Melodie: Hohenfurt 1410 / Wittenberg 1573

A 49 Gen Himmel aufgefahren

EKG 92 / GL 230

2. Er sitzt zu Gottes rechter Hand, Halleluja, herrscht über Himmel und alle Land. Halleluja.

3. Nun ist erfüllt, was gschrieben ist, Halleluja, in Psalmen von dem Herren Christ. Halleluja.

4. Drum jauchzen wir mit großem Schalln, Halleluja, dem Herren Christ zum Wohlgefalln. Halleluja.

5. Der heiligen Dreieinigkeit, Halleluja, sei Lob und Preis in Ewigkeit. Halleluja.

Text: Frankfurt/Oder 1601 nach „Coelos ascendit hodie" 16. Jh., Melodie: Melchior Franck 1627

A 50 Der Geist des Herrn erfüllt das All

GL 249

2. Der Geist des Herrn erweckt den Geist in Sehern und Propheten, der das Erbarmen Gottes weist und Heil in tiefsten Nöten. Seht, aus der Nacht Verheißung blüht; die Hoffnung hebt sich wie ein Lied und jubelt: Halleluja.

3. Der Geist des Herrn treibt Gottes Sohn, die Erde zu erlösen; er stirbt, erhöht am Kreuzesthron, und bricht die Macht des Bösen. Als Sieger fährt er jauchzend heim und ruft den Geist, daß jeder Keim aufbreche: Halleluja.

4. Der Geist des Herrn durchweht die Welt gewaltig und unbändig; wohin sein Feueratem fällt, wird Gottes Reich lebendig. Da schreitet Christus durch die Zeit in seiner Kirche Pilgerkleid, Gott lobend: Halleluja.

Text: Maria Luise Thurmair 1941
Melodie: Lobt Gott den Herrn ihr Heiden all (A 51), Melchior Vulpius 1609
Textrechte im Christophorus-Verlag, Freiburg

A 51 Lobt Gott den Herrn, ihr Heiden all

EKG 189

(Melodie wie A 50)

1. Lobt Gott, den Herrn, ihr Heiden all, lobt Gott von Herzensgrunde, preist ihn, ihr Völker allzumal, dankt ihm zu aller Stunde, daß er euch auch erwählet hat und mitgeteilet seine Gnad in Christus, seinem Sohne.

2. Denn seine groß Barmherzigkeit tut über uns stets walten, sein Wahrheit, Gnad und Gütigkeit erscheinet Jung und Alten und währet bis in Ewigkeit, schenkt uns aus Gnad die Seligkeit; drum singet Halleluja.

Text: nach Psalm 117 Joachim Sartorius 1591
Melodie: Melchior Vulpius 1609

A 52 Herr Jesu Christ, dich zu uns wend

EKG 126 / GL 516

2. Tu auf den Mund zum Lobe dein, bereit das Herz zur Andacht fein, den Glauben mehr, stärk den Verstand, daß uns dein Nam werd wohlbekannt.

3. Ehr sei dem Vater und dem Sohn, dem heilgen Geist in einem Thron; der heiligen Dreifaltigkeit sei Lob und Preis in Ewigkeit.

Text: Altenburg 1648, Str. 3 Gotha 1651, Melodie: Görlitz 1648

A 53 Nun danket all und bringet Ehr

EKG 231 / GL 267

2. Ermuntert euch und singt mit Schall Gott, unserm höchsten Gut, der seine Wunder überall und große Dinge tut.

3. Er gebe uns ein fröhlich Herz, erfrische Geist und Sinn und werf all Angst, Furcht, Sorg und Schmerz in Meerestiefen hin.

4. Er lasse seinen Frieden ruhn auf unserm Volk und Land; er gebe Glück zu unserm Tun und Heil zu allem Stand.

Text: Paul Gerhardt 1647, Melodie: Johann Crüger 1653, nach Genf 1562

A 54 Allein Gott in der Höh sei Ehr

EKG 131 / GL 457

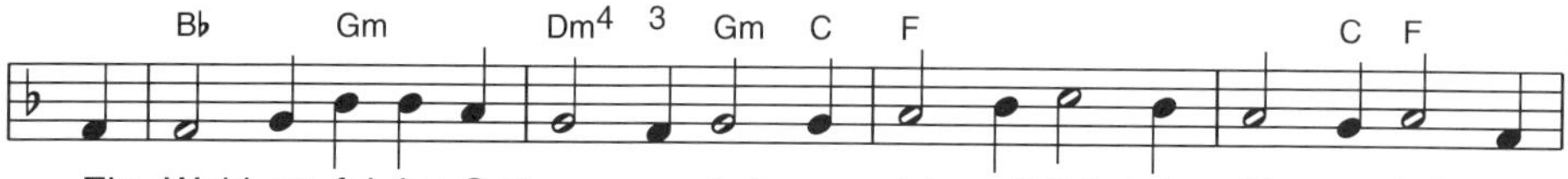

2. Wir loben, preisen, anbeten dich, für deine Ehr wir danken, daß du, Gott Vater, ewiglich regierst ohn alles Wanken. Ganz ungemessen ist deine Macht, allzeit geschieht, was du bedacht. Wohl uns solch eines Herren!

3. O Jesu Christ, Sohn eingeborn des allerhöchsten Vaters, Versöhner derer, die verlorn, du Stiller unsers Haders. Lamm Gottes, heilger Herr und Gott, nimm an die Bitt aus unsrer Not. Erbarm dich unser. Amen.

4. O Heilger Geist, du höchstes Gut, du allerheilsamst Tröster: vor Teufels Gwalt fortan behüt, die Jesus Christ erlöset durch große Marter und bittern Tod; abwend all unsern Jammer und Not! Darauf wir uns verlassen.

Text und Melodie: Nikolaus Decius 1522 nach dem Gloria
Str. 1-3 aus Gotteslob, Str. 4 nach EKG

A 55 Kind, du bist uns anvertraut

2. Freunde wollen wir dir sein, sollst des Friedens Brücken bauen. Denke nicht, du stehst allein; kannst der Macht der Liebe trauen. Taufen dich in Jesu Namen. Er ist unsre Hoffnung. Amen.

Text: Friedrich Karl Barth, Gerhard Grenz und Peter Horst 1973
aus: Barth/Horst/Grenz (Hg.), Gottesdienst menschlich, Peter Hammer Verlag Neuauflage 1990
Melodie: Johann Rudolf Ahle 1664, Wolfgang Carl Briegel 1687

A 56 Großer Gott, wir loben dich

(EKG 489) / GL 257

2. Alles, was dich preisen kann, Kerubim und Serafinen stimmen dir ein Loblied an; alle Engel, die dir dienen, rufen dir stets ohne Ruh "Heilig, heilig, heilig" zu.

3. Heilig, Herr Gott Zebaot! Heilig, Herr der Himmelsheere! Starker Helfer in der Not! Himmel, Erde, Luft und Meere sind erfüllt von deinem Ruhm; alles ist dein Eigentum.

4. Herr, erbarm, erbarme dich. Laß uns deine Güte schauen; deine Treue zeige sich, wie wir fest auf dich vertrauen. Auf dich hoffen wir allein: laß uns nicht verloren sein

Text: Ignaz Franz 1771 nach dem „Te Deum", 4.Jh., Melodie: Wien um 1776 / Heinrich Bone 1852

Holy God, Thy Name we bless

1. Holy God, Thy name we bless, all thy praises celebrating. And for our unworthiness Thy forgiveness supplicating. With the angels thus we bring adoration to our king.

2. All the hosts of heav'nly light, saints in bliss before Thee bending, thrones and pow'rs in glory bright hymn Thy praise in concert blending. They Thy majesty proclaim praising Thy thrice-holy name.

3. Holy, holy, holy Lord whom the hosts on high are praising; Saviour worshipped and adored, all the world its hymn is raising. Singing grateful praise to Thee for Thy love and mercy free.

Englisch 1923

Grand Dieu, nous te bénissons

1. Grand Dieu, nous te bénissons, nous célébrons tes louanges. Eternel, nous t'exaltons, de concert avec les anges. Et, prosternés devant toi, nous t'adorons, ô grand Roi!

2. Les saints et les bienheureux, les trônes et les puissances, toutes les vertus des cieux disent tes magnificances, proclamant dans leurs concerts le grand Dieu de l'univers.

3. Saint, saint, saint est l'Eternel, le Seigneur, Dieu des armées! Son pouvoir est immortel; ses œvres, partout semées font éclater sa grandeur, sa majesté, sa splendeur.

Französisch 1817

A 57 Es mag sein, daß alles fällt

(EKG 532)

2. Es mag sein, daß Trug und List eine Weile Meister ist; wie Gott will, sind Gottes Gaben. Rechte nicht um Mein und Dein; manches Glück ist auf den Schein, laß es Weile haben.

3. Es mag sein, daß Frevel siegt, wo der Fromme niederliegt; doch nach jedem Unterliegen wirst du den Gerechten sehn lebend aus dem Feuer gehn, neue Kräfte kriegen.

4. Es mag sein, die Welt ist alt; Missetat und Mißgestalt sind in ihr gemeine Plagen. Schau dirs an und stehe fest: Nur wer sich nicht schrecken läßt, darf die Krone tragen.

5. Es mag sein, so soll es sein, faß ein Herz und gib dich drein; Angst und Sorge wirds nicht wenden. Streite, du gewinnst den Streit! Deine Zeit und alle Zeit stehn in Gottes Händen.

Text: Rudolf Alexander Schröder 1939
aus: Gesammelte Werke, Band 1, Die Gedichte, © Suhrkamp Verlag Frankfurt am Main 1952
Melodie: Samuel Rothenberg 1941, Eigentum des Bärenreiter-Verlages, Kassel

A 58 Wie nun, ihr Herren

2. Ihr ungerechten Herren, wißt, daß ihr der Armen Dulden doch einmal bitter büßen müßt, als euer eigen Schulden. Der bösen Taten Klagemund wird euch in eures Herzensgrund ein bitter Urteil sprechen.

3. All Erdenrund ist voll Geschrei, verletzt sind Recht und Sitten, ihr armen Menschen, kommt herbei, ist's nicht genug gelitten? Wir brauchen aller Seel und Kraft, daß nach viel böser Leidenschaft ein neu Geschlecht erwache.

Text: Kornelius Becker nach Psalm 58, Melodie: Heinrich Schütz

A 59 Ist Gott für mich

EKG 250

2. Nun weiß und glaub ich feste, ich rühms auch ohne Scheu, daß Gott, der Höchst und Beste, mein Freund und Vater sei und daß in allen Fällen er mir zur Rechten steh und dämpfe Sturm und Wellen und was mir bringet Weh.

3. Der Grund, da ich mich gründe, ist Christus und sein Blut; das machet, daß ich finde das ewge, wahre Gut. An mir und meinem Leben ist nichts auf dieser Erd; was Christus mir gegeben, das ist der Liebe wert.

4. Mein Herze geht in Sprüngen und kann nicht traurig sein, ist voller Freud und Singen, sieht lauter Sonnenschein. Die Liebe, die mir lachet, ist mein Herr Jesus Christ; das, was mich singen machet, ist, was im Himmel ist.

Text: Paul Gerhardt 1653, Melodie: 16. Jh., geistlich Augsburg 1609

A 60 Wer nur den lieben Gott läßt walten

EKG 298 / GL 295

2. Was helfen uns die schweren Sorgen, was hilft uns unser Weh und Ach? Was hilft es, daß wir alle Morgen beseufzen unser Ungemach? Wir machen unser Kreuz und Leid nur größer durch die Traurigkeit.

3. Sing, bet und geh auf Gottes Wegen, verricht das Deine nur getreu und trau des Himmels reichem Segen, so wird er bei dir werden neu. Denn welcher seine Zuversicht auf Gott setzt, den verläßt er nicht.

Text und Melodie: Georg Neumark 1657

A 61 Wir glauben Gott im höchsten Thron

EKG 133 / (GL 276)

2. Wir glauben Gott, den Heilgen Geist, den Tröster, der uns unterweist, der fährt, wohin er will und mag, und stark macht, was daniederlag.

3. Den Vater, dessen Wink und Ruf das Licht aus Finsternissen schuf, den Sohn, der annimmt unsre Not, litt unser Kreuz, starb unsern Tod.

4. Der niederfuhr und auferstand, erhöht zu Gottes rechter Hand, und kommt am Tag, vorherbestimmt, da alle Welt ihr Urteil nimmt.

5. Den Geist, der heilig insgemein läßt Christen Christi Kirche sein, bis wir, von Sünd und Fehl befreit, ihn selber schaun in Ewigkeit.

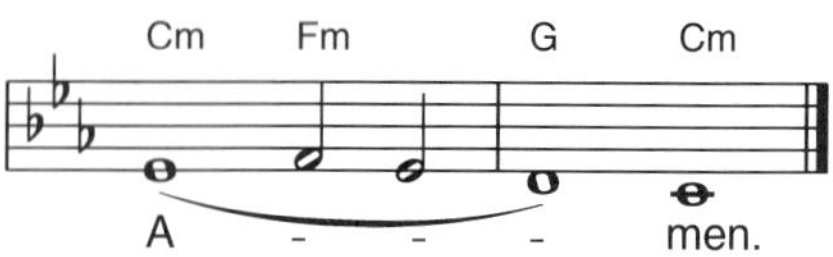

Text: Rudolf Alexander Schröder 1937, Melodie: Christian Lahusen 1948

A 62 Du hast zu deinem Abendmahl

(EKG 443)

2. Ach Herr, vor dir ist keiner reich und keiner los und ledig; spricht einer hier dem andern gleich: Gott, sei mir Sünder gnädig! Du aber ludest uns zu dir, den Hunger uns zu stillen, willst uns aus lauter Liebe hier die leeren Hände füllen.

3. Nun segne, Herr, uns Brot und Wein, deins Tisches edle Gaben! Du selbst willst gegenwärtig sein und wunderbar uns laben. Gib über Bitten und Verstehn, wie du versprachst zu geben! In dem, was unsre Augen sehn, gib dich uns selbst zum Leben!

Text: Arno Pötzsch 1947, Melodie: Claudin de Sermisy 1529

A 63 Im Frieden dein

EKG 165 / GL 473

2. Mir armem Gast bereitet hast das reiche Mahl der Gnaden. Das Lebensbrot stillt Hungers Not, heilt meiner Seele Schaden. Ob solchem Gut jauchzt Sinn und Mut mit alln, die du geladen.

3. O Herr, verleih, daß Lieb und Treu in dir uns all verbinden, daß Hand und Mund zu jeder Stund dein Freundlichkeit verkünden, bis nach der Zeit den Platz bereit' an deinem Tisch wir finden.

Text: nach dem Lobgesang des Simeon ("Nunc dimittis", Lukas 2) von Johannes Englisch 1530, bearbeitet von Friedrich Spitta 1899, Melodie: Wolfgang Dachstein 1530

A 64 Die helle Sonn

EKG 339 / GL 667

2. Herr Christ, den Tag uns auch behüt vor Sünd und Schand durch deine Güt, und laß die lieben Engel dein uns Hüter heut und Wächter sein,

3. daß unser Herz in Gehorsam leb, deim Wort und Willen nicht widerstreb, daß wir dich stets vor Augen han in allem, was wir fangen an.

4. Laß unser Werk geraten wohl, was jeder heut ausrichten soll, daß unser Arbeit, Müh und Fleiß gereich zu deim Lob, Ehr und Preis.

Text: Nikolaus Herman 1560, Melodie: Melchior Vulpius 1609

A 65 Aus meines Herzens Grunde

EKG 341 / GL 669

2. Der du mich hast aus Gnaden in der vergangnen Nacht vor Gfahr und allem Schaden behütet und bewacht, demütig bitt ich dich, wollst mir mein Sünd vergeben, womit in diesem Leben ich hab erzürnet dich.

3. Gott will ich lassen raten, denn er all Ding vermag. Er segne meine Taten an diesem neuen Tag. Ihm hab ich heimgestellt mein' Leib, mein Seel, mein Leben und was er sonst gegeben; er mach's wie's ihm gefällt.

Text: nach Georg Niege um 1586, Melodie: vor 1598 / Eisleben 1598

A 66 Abend ward, bald kommt die Nacht

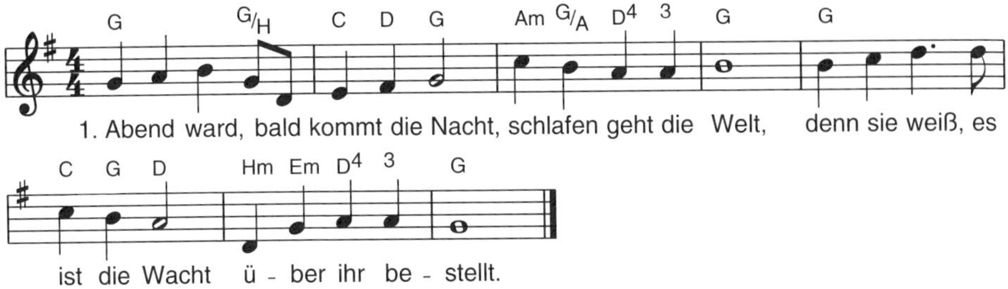

2. Einer wacht und trägt allein unsre Müh und Plag, der läßt keinen einsam sein, weder Nacht noch Tag.

3. Bleib und mach die Herzen still, der die Herzen schaut: weiß kein Herz doch, was es will, eh sich's dir vertraut.

4. Wenn dein Aug ob meinem wacht, wenn dein Trost mir frommt, weiß ich, daß auf gute Nacht guter Morgen kommt.

Text: Rudolf Alexander Schröder 1942
aus: Gesammelte Werke, Band 1, Die Gedichte, © Suhrkamp Verlag Frankfurt am Main 1952
Melodie: Samuel Rothenberg, Eigentum des Bärenreiter-Verlages, Kassel

A 67 Hinunter ist der Sonne Schein

EKG 355 / GL 705

2. Dir sei Dank, daß du uns den Tag vor Schaden, Gfahr und mancher Plag durch deine Engel hast behüt' aus Gnad und väterlicher Güt.

3. Womit wir heut erzürnet dich, dasselb verzeih uns gnädiglich und rechn es unsrer Seel nicht zu; laß schlafen uns mit Fried und Ruh.

4. Dein' Engel uns zur Wach bestell, daß uns der böse Feind nicht fäll. Vor Schrecken, Angst und Feuersnot behüte uns, o lieber Gott.

Text: Nikolaus Herman 1560, Melodie: Melchior Vulpius 1609

B 128 Geht in die Nacht

2. Geht in die Welt und singt euer Lied, die Stimmen sind laut, und ein jeder singt mit. Leben reift besser mit diesem Klang, denn gute Worte besiegen den Zwang.

3. Geht in den Tag und findet das Licht, die Hoffnung ist da, doch man sieht sie oft nicht. Leben blüht auf, denn im Sonnenschein kann unsre Liebe ein Neuanfang sein.

Text: Eckart Bücken, Musik: Holger Clausen
aus: Fällt ein Stern aus der Bahn, 1984

B 129 Alle Knospen springen auf

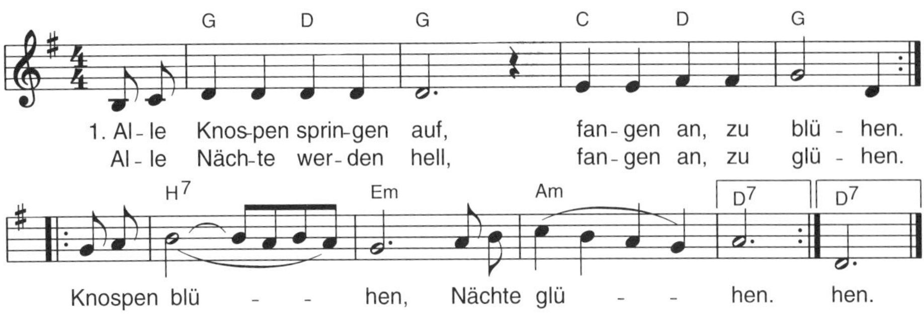

2. Alle Menschen auf der Welt fangen an zu teilen. Alle Wunden nah und fern fangen an zu heilen. Menschen teilen — Wunden heilen. Knospen blühen — Nächte glühen.

3. Alle Augen springen auf, fangen an zu sehen. Alle Lahmen stehen auf, fangen an zu gehen. Augen sehen — Lahme gehen. Menschen teilen — Wunden heilen. Knospen blühen — Nächte glühen.

4. Alle Stummen hier und da fangen an zu grüßen. Alle Mauern tot und hart werden weich und fließen. Stumme grüßen — Mauern fließen. Augen sehen — Lahme gehen. Menschen teilen — Wunden heilen. Knospen blühen — Nächte glühen.

Text: Wilhelm Willms, Melodie: Ludger Edelkötter
aus: Alle Knospen springen auf, 1989

B 130 Unverhofft grünt ein Reis

2. Und das Glas nicht zerbricht, wenn hindurchgeht Sonnenlicht. Christe eleison.

3. Seht, die überschattet war, in der Nacht das Licht gebar. Kyrie eleison.

4. Und die Frau nicht verdirbt, die durch sieben Schwerter stirbt. Christe eleison.

Text: Wilhelm Willms, Melodie: Christoph Lehmann
aus: Fällt ein Stern aus der Bahn, 1984

B 131 Lobgesang mit Maria

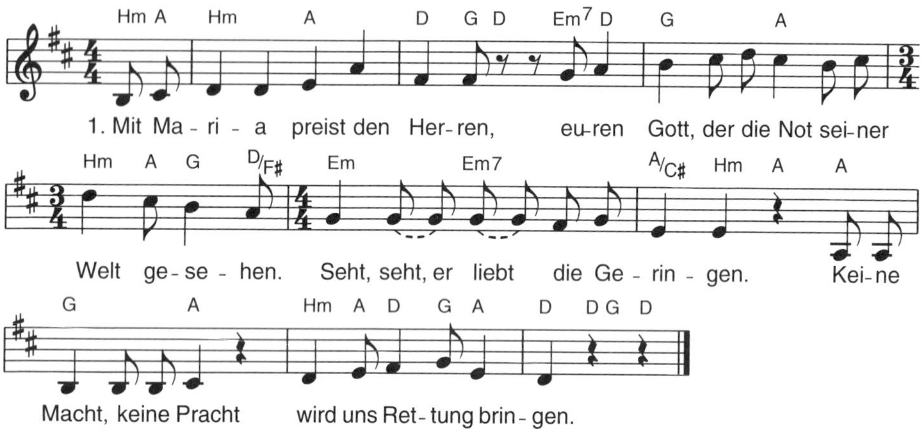

2. Großes wirkt er an den Kleinen, seinen Rat, seine Tat läßt er dort erscheinen, wo die Elenden und Armen unbeklagt, ganz verzagt hoffen auf Erbarmen.

3. Er wird Brot den Armen reichen. Macht zerfällt, Land und Geld nimmt er weg den Reichen. Freiheit allen Unterdrückten! Hofft darauf: Gott steht auf mit den Tiefgebückten.

4. Junge führt er mit den Alten an der Hand in das Land, das sie selbst gestalten, füreinander einzutreten, jederzeit ohne Neid danken, teilen, beten.

5. Mit Maria preist den Herren. Zum Advent ungetrennt lebt zu seinen Ehren. Kleine Leute, macht Geschichte. Er ist nah, er ist da, geht in seinem Lichte.

Text: Rudolf Weckerling, 3. Str. überarbeitet vom AK Singles, Köln, Melodie: Peter Janssens
aus: Wann kommt der Tag, 1978

B 132 Lichteinfall

2. Die Nacht, der Stern, das Kind im Stall, ein heilger Ort im Weltenall, wo Gott und Mensch sich einig sind in einem Kind

3. Wir sind die Nacht und er ist das Licht, es trifft auf uns, und es zerbricht. Seht da, das Licht der Welt an uns in Strahlen zerfällt.

Text: Wilhelm Willms, Melodie: Christoph Lehmann
aus: Bricht ein Stern aus der Bahn, 1984

B 133 Betlehem, du kleine Stadt

3. Namenlose ohne Macht sollen Zeugen sein, wie Verheißung sich erfüllt, Hoffnung Früchte trägt.

4. Gottes Wort in Menschgestalt, wehrlos wie ein Kind. Unscheinbar, fast nicht erkannt, Armut sein Gesicht.

5. Friedensbotschaft, nie gehört, Gott und Menschen eins. Leben gegen Tod gesetzt, Lieder, Tanz und Spiel.

6. Menschen fassen wieder Mut, Schwachheit wird zur Kraft. Angst zerbricht, ein neuer Tag, denn Gott ist mit uns.

7. Betlehem, du kleine Stadt, fern der großen Welt. Was Propheten lang ersehnt, hast du wahrgemacht.

Text: Bernd Donath, Melodie: Bernd Liffers

B 134 Weihnachtslied

2. Schwarz scheint die Sonne von Babylon, Flüchtende heben die Hände, und Nebel fällt in meine Welt, in deine Welt, in unsere Welt.

Lieber, ich sing dir mein Weihnachtslied ...

3. Endliche Stunde, Jerusalem, Ehre und Friede auf Erden! Herrlichkeit fällt in meine Welt, in deine Welt, in unsere Welt.

Lieber, ich sing dir mein Weihnachtslied ...

Text: Klaus Berg, Musik: Oskar Gottlieb Blarr

B 135 Die Angst vergeht

2. Man sagt, sein Name heißt "Gott hilft", man sagt, er hat ihn wahr gemacht trotz Priester und trotz Gouverneur, trotz Schauprozeß und Kreuzverhör: an allen, die verzweifelt sind, an allen, die im Elend sind.

Die Angst, die Angst vergeht ...

Text: Arnim Juhre, Musik: Choral Brother Ogo
aus: In dieser Nacht BE 808
Gustav Bosse Verlag

B 136 Finsternis bedeckt die Erde

2. Finsternis bedeckt die Erde, irgendwo ein neuer Ton. Engel kommen zu den Hirten: geht, im Stall liegt Gottes Sohn.

3. Finsternis bedeckt die Erde, irgendwo ein Pfad, ein Steg. Hirten kommen zu der Krippe, hier beginnt ein neuer Weg.

4. Finsternis bedeckt die Erde, fürchtet euch ihr Menschen nicht. Macht es auch so, wie die Hirten, geht, und werdet selbst zum Licht.

Text: Hans-Jürgen Netz, Melodie: Peter Janssens
Rechte: Peter Janssens Musik Verlag, Telgte-Westfalen, 1989

B 137 Suchen und fragen

2. Klagende hören, Trauernde sehn, aneinander glauben und sich verstehn. Auf unsre Armut läßt Gott sich ein — so spricht Gott sein Ja, so stirbt unser Nein.

3. Planen und bauen, Neuland begehn, füreinander glauben und sich verstehn. Leben für viele, Brot sein und Wein — so spricht Gott sein Ja, so stirbt unser Nein.

Text: Diethard Zils, Melodie: Fritz Baltruweit
Textrechte: tvd-Verlag Düsseldorf
Musikrechte: Dagmar Kamenzky Musikverlag, Hamburg

B 138 Sagt den tauben Ohren

2. Stärkt die schwachen Hände: Knechtschaft geht zu Ende, Sklaven werden Freie, Christus ist die Wende.

Gott will seinen Himmel erden ...

3. Lehrt die Stummen singen und die Lahmen springen; Christus will den Himmel auf die Erde bringen.

Gott will seinen Himmel erden ...

Text: Diethard Zils, Melodie: Volksweise aus Polen
Textrechte im tvd-Verlag Düsseldorf

B 139 Diese Erde werde licht

2. Zum Himmel wird uns ein Kind, und was verschlossen und verriegelt, zerrissen und zerschnitten, wird in seiner Hand gehalten.

Und diese Erde werde licht ...

3. Zum Himmel wird uns ein Mensch, und was versteinert und verraten, zertrümmert und zerbrochen, wird in unsrer Hand gehalten.

Und diese Erde werde licht ...

Text: Thomas Laubach, Melodie: Thomas Quast

B 140 In dieser Nacht (Kanon)

Text: Thomas Laubach, Kanon: Thomas Quast

B 141 Du kleines Kind am Rand der Welt

2. Für Menschen, arm und ohne Recht, bist du da, ein Gottesknecht. Dein Name geht von Mund zu Mund, macht die kranke Welt gesund.

Du bist Sand im Weltgetriebe, holst uns ein in deine Liebe: Du zitterst nicht vor Königs Thron, armer Bruder, Menschensohn.

3. Von Anfang an blüht dir der Tod, tauchst du ein in Menschennot. Dein Name geht von Mund zu Mund, macht die kranke Welt gesund.

Du bist Sand im Weltgetriebe, holst uns ein in deine Liebe: Die müde sind, lebendig tot, weckst du auf mit Wein und Brot.

4. Gott trägt dich, Kind in seiner Hand, trägt dich bis in Vaters Land. Dein Name geht von Mund zu Mund, macht die kranke Welt gesund.

Du bist Sand im Weltgetriebe, holst uns ein in deine Liebe: Schon vor dem Tod soll leben sein, Gott schenkt aus den neuen Wein.

Text: Diethard Zils, Melodie: Volkslied aus Kroatien

B 142 Singet ein Lied

2. Sterbende Bäume, Tod uns in den Gliedern, Sinn ging verloren auch den schönsten Liedern, mutlosen Schwestern, hoffnungslosen Brüdern was zu erwidern?

3. Kind, uns geboren, wohin dich zu betten? Sohn, uns gegeben, uns an dich zu ketten? Ist dies dein Name: Aus des Todes Stätten wird Gott uns retten?

4. Den sie verwundet, zeige deine Wunde. Die sie geblendet, blicke in die Runde. Die sie entmündigt, hört aus Gottes Munde: Heil schlägt die Stunde!

Text: Diethard Zils, Melodie: aus Ungarn
Textrechte im tvd-Verlag Düsseldorf

B 143 Nun ziehen wir die Straße

2. Wir hatten uns verloren, doch er hat uns gefunden und an sein Kreuz gebunden, und an sein Kreuz gebunden.

3. Wir ziehen seine Straße, er trägt das Kreuz uns allen, für uns ist er gefallen, für uns ist er gefallen.

4. Für uns hat er gelitten, für uns ist er erstanden aus Jammer, Tod und Schanden, aus Jammer, Tod und Schanden.

5. O Kyrie eleison, wir singen deinem Namen das Hosianna. Amen, das Hosianna. Amen.

Text: Klaus Berg, Melodie: Oskar Gottlieb Blarr
Rechte bei den Autoren

B 144 In unsre Trauer fällt ein Licht (Kanon)

Zum Schluß nur noch als 2-stimmiger Kanon mit den Stimmen 4 und 5.

Text: Thomas Laubach, Kanon: Thomas Quast
Rechte im tvd-Verlag Düsseldorf

B 145 Manchmal feiern wir

2. Manchmal feiern wir mitten im Wort ein Fest der Auferstehung. Sätze werden aufgebrochen und ein Lied ist da.

3. Manchmal feiern wir mitten im Streit ein Fest der Auferstehung. Waffen werden umgeschmiedet und ein Friede ist da.

4. Manchmal feiern wir mitten im Tun ein Fest der Auferstehung. Sperren werden übersprungen und ein Geist ist da.

Text: Alois Albrecht, Melodie: Peter Janssens
aus: Ihr seid meine Lieder, 1974

B 146 In der Nacht

2. Trost erfahren die Verzweifelten, die Lahmen wieder gehn. Neu wird das Gesicht der Erde, die Tage der Trauer vergehn.

In der Nacht ...

2. Trost erfahren die Verzweifelten, die Lahmen wieder gehn. Neu wird das Gesicht der Erde, die Tage der Trauer vergehn.

In der Nacht ...

3. Licht fällt über die Gefangenen, die Toten auferstehn. Steine werden weich und fließen, die Tage der Trauer vergehn.

In der Nacht ...

Text: Thomas Laubach, Melodie: Thomas Quast
Rechte im tvd-Verlag Düsseldorf

B 147 Ein paar Schritte zum Frieden

2. Ein ganzes Volk auf Wegen, die noch kein Mensch gegangen, Gottes Ruf, Gottes Segen läßt uns ans Ziel gelangen.

Ein paar Schritte zum Frieden ...

3. Hört auf, euch zu verstecken in Worten, die nichts sagen, laßt vom Tod euch erwecken, über Abgründe tragen.

Ein paar Schritte zum Frieden ...

4. Auf Straßen und auf Plätzen läßt unser Gott sich finden, wird sich unters Volk setzen, um sein Wort zu verkünden.

Ein paar Schritte zum Frieden ...

Original: "Une messe commence"
Text: Pierre Jacob, Melodie: Gaëtan de Courrèges, Rechte: Editions musicales Auvidis
Übertragung: Diethard Zils, Rechte (Ü) im tvd-Verlag Düsseldorf

B 148 Du sei bei uns

Text: Thomas Laubach, Melodie: Thomas Quast
Rechte im tvd-Verlag Düsseldorf

B 149 Herr, hör du uns an

Text: Hans-Jürgen Netz, Melodie: Peter Janssens
aus: Wann wird es Recht und Frieden regnen, 1991

B 150 Kyrie-Ruf

Text: Liturgie, Melodie: Thomas Quast

B 151 Im Dunkel unsrer Ängste

2. Im Frosthauch unsrer Kälte, im Kampf um Geld und Brot: Du zweifelst mit an unserm Kreuz, du stirbst auch unseren Tod.

3. Im Wahnsinn unsres Handelns, im Krieg, der uns bedroht: Du weinst mit uns an unserm Kreuz, du stirbst auch unseren Tod.

4. In Nächten des Alleinseins, in Tagen ohne Brot: Du stirbst mit uns an unserm Kreuz, du stirbst auch unseren Tod.

5. Im Sturm, der nicht zertrümmert, im Schutz für unser Boot: Du steigst mit uns von unserm Kreuz, besiegst auch unseren Tod.

Text: Michel Scouarnec, Melodie: Jo Akepsimas, Rechte: Edition Studio SM, Paris
Übertragung: Diethard Zils

B 152 Geh mit uns auf diesem Weg

2. Geh mit uns auf diesem Weg durch das Tal der Mühen. Unsre Glieder werden schwer, Hoffnungen verblühen.

Kyrie, ten piedad, Señor ...

3. Geh mit uns auf diesem Weg durch das Tal der Sorgen. Geh mit uns den Weg der Liebe in ein neues Morgen.

Kyrie, ten piedad, Señor ...

Text und Melodie: Christoph Lehmann

B 153 Meine engen Grenzen

2. Meine ganze Ohnmacht, was mich beugt und lähmt bringe ich vor dich. Wandle sie in Stärke, Herr, erbarme dich. ...

3. Mein verlornes Zutrau'n, meine Ängstlichkeit bringe ich vor dich. Wandle sie in Wärme, Herr, erbarme dich. ...

4. Meine tiefe Sehnsucht nach Geborgenheit bringe ich vor dich. Wandle sie in Heimat, Herr, erbarme dich. ...

Text: Eugen Eckert, Melodie: Winfried Heurich
aus: Aus Liebe zum Menschen, SU 9980

B 154 Du bist meine Zuflucht

2. Du bist meine Freude, du bist meine Sehnsucht, du bist meine Sonne. Gib mir Lebensmut! Wenn mich Sorgen quälen und wenn ich trostlos bin, zeig mir deine Liebe, halt mich in deiner Hut.

Alles, was ist ...

3. Du bist meine Heimat, du bist meine Zukunft, du bist meine Hilfe. Hol mich aus der Not! Wenn mich Ängste plagen und wenn ich traurig bin, schenk mir langen Atem und rette mich vorm Tod.

Alles, was ist ...

Text und Melodie: brasilianische Volksweise, Übertragung: Dorival Ristoff und Friedrich Karl Barth
2.+3. Strophe: Eckart Bücken, Rechte bei den Autoren

B 155 Weinen und Klagen

Text: Uwe Seidel, Melodie: Thomas Quast
Rechte im tvd-Verlag Düsseldorf

B 156 Kommt herbei

2. Er ist Gott, Gott für uns, er allein ist letzter Halt. Überall ist er und nirgends, Höhen, Tiefen, sie sind sein.

3. Ja, er heißt: Gott für uns; wir die Menschen, die er liebt. Darum können wir ihm folgen, können wir sein Wort verstehn.

4. Wir sind taub, wir sind stumm, wollen eigne Wege gehn. Wir erfinden neue Götter und vertrauen ihnen blind.

5. Dieser Weg führt ins Nichts, und wir finden nicht das Glück, graben unsre eignen Gräber, geben selber uns den Tod.

6. Menschen, kommt, singt dem Herrn, ruft ihm zu, der uns befreit. Singend laßt uns vor ihn treten, mehr als Worte sagt ein Lied.

Text: Diethard Zils, nach Psalm 95, Melodie: aus Israel
Textrechte im tvd-Verlag Düsseldorf

B 157 Singet dem Herrn ein neues Lied

2. Dankt für den Wein und für das Brot, das Stärkung gibt in aller Not, das uns hindurchträgt durch den Tod. Halleluja, Halleluja.

3. Dankt für die Liebe, die uns eint, zusammenbindet Freund und Feind, die Angst und Vorurteil verneint. Halleluja, Halleluja.

4. Dankt für das Heil und für das Fest, das Gott für uns bereiten läßt, singet dem Herrn in Ost und West. Halleluja, Halleluja.

Text und Melodie aus den Niederlanden, Übertragung: Diethard Zils
aus: Neue Gemeindelieder, BE 809, Gustav Bosse Verlag

B 158 Singt dem Herrn, alle Völker und Rassen

Text: Hans Bernhard Meyer, Melodie: Peter Janssens
aus: Gute Nachricht für alle Völker, 1970

B 159 Der Worte sind viele

2. Der Worte sind viele an jedem Tag, ... sie töten das Denken, sie schmerzen und kränken und geben statt Brot uns den Stein.

Unter den vielen Worten ...

3. Der Worte sind viele an jedem Tag, ... sie fordern und schrecken, sie täuschen, verstecken, und jeder behält seine Pein.

Unter den vielen Worten ...

Text: Barbara Venus, Melodie: Christoph Lehmann

B 160 Kein Anfang, der Angst macht (Kanon)

Text: Sybille Fritsch, Kanon: Peter Janssens

aus: Wann wird es Recht und Frieden regnen, 1991

B 161 Wir wissen nicht

2. Wir wissen nicht, wann diese Welt zerstauben wird im All. Wir glauben nur, daß Gott sie hält und neu sie schafft, wenn's ihm gefällt, aus Wahnsinn und Zerfall.

3. Wir wissen nicht, was uns noch blüht und unsern Enkeln droht. Wir glauben nur, gleich, was geschieht, nichts gibt es, was uns ihm entzieht, dem Herrn in Wein und Brot.

Text: Wilma Klevinghaus, Melodie: Christoph Lehmann

B 162 Er ist das Brot

2. Er ist das Brot, er ist der Wein, kommt, schmeckt und seht: die Not ist groß. Es stärke euch der Herr, er läßt euch nicht allein. Er ist das Brot, er ist der Wein, ist Brot und Wein.

3. Er ist das Brot, er ist der Wein, steht auf und geht. Die Hoffnung wächst. Es segne euch der Herr, er läßt euch nicht allein. Er ist das Brot, er ist der Wein, ist Brot und Wein.

Text: Eckart Bücken, Melodie: Fritz Baltruweit

B 163 Wir tauschen aus

2. Wir tragen aus, wir tragen ein die Liebe neu ins Herz aus Stein. Ein Stück in mir, ein Stück in dir ist hoffnungsvoll, wird Hilfe sein.

Da lara ...

3. Wir stehen auf, wir stehen ein in dieser Welt für Groß und Klein. Ein Stück zu mir, ein Stück zu dir, geborgen sind wir, nicht allein.

Da lara ...

Text: Eckart Bücken, Melodie: Christoph Lehmann
aus: Es sind doch deine Kinder, 1983, Rechte im tvd-Verlag Düsseldorf

B 164 Du bist das Leben

Text: Thomas Laubach, Melodie: Thomas Nesgen
Rechte im tvd-Verlag Düsseldorf

B 165 Das Wort gegeben

2. Das Kind geboren, verloren, verloren, der Wein, das Blut, das Blut, der Wein, wir sind befreit zum neuen Sein.

3. Der Mensch begraben, erstanden, erstanden, das Licht, das Salz, das Salz, das Licht, wir sind befreit, der Tod gilt nicht.

Text: Eckart Bücken, Melodie: Evelyn Stern, Sven Norberg, Bengt Johansson
Rechte bei Eckart Bücken, Düsseldorf

B 166 Alles, was atmet

2. Heilig vor dir sind Berge und Täler, Flüsse und Meere, Ebbe und Flut. Heilig vor dir sind Himmel und Erde, Sonne und Sterne, das ganze weite All.
Alles, was atmet ...

3. Heilig vor dir sind Himmel und Erde, Sonne und Sterne, Feuer und Eis. Heilig vor dir ist heute und morgen, gestern und ewig, das ganze weite All.
Alles, was atmet ...

Text: Hans-Jürgen Netz, Melodie: Christoph Lehmann
aus: Das Schweigen bricht, 1987, Rechte im tvd-Verlag Düsseldorf

B 167 Heilig unser Gott (Litanei)

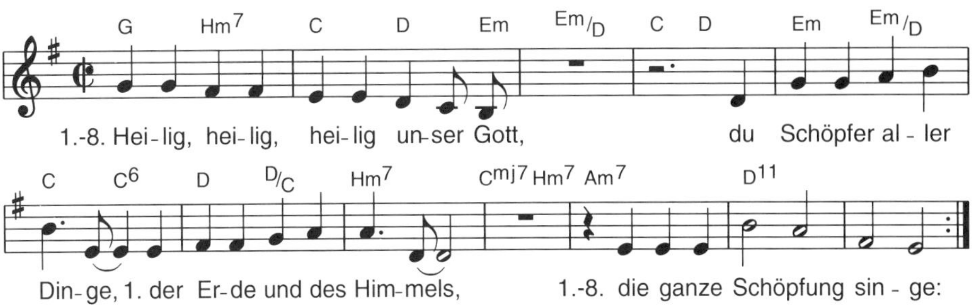

2. ... der Sonne und der Sterne ...
3. ... der Wolken und der Winde ...
4. ... der Berge und der Bäume ...
5. ... der Menschen und der Meere ...
6. ... der Tiere und der Tage ...
7. ... der Früchte und der Farben ...
8. ... bist Liebe und bist Leben ...

Text: Hans-Jürgen Netz, Melodie: Holger Clausen
aus: Gib der Hoffnung ein Gesicht (tvd 8904)

B 168 Ohren gabst du mir

2. Augen gabst du mir, Herr, doch ich seh dich nicht. Augen gabst du mir, Herr, doch ich seh dich nicht. Der du den Blinden gibst, daß sie dich sehn, laß mich dich erkennen, Herr, das bitt ich dich.

3. Lippen gabst du mir, Herr, loben kann ich nicht. Lippen gabst du mir, Herr, loben kann ich nicht. Der du die Stummen deutlich reden läßt, laß auch mich dich loben, Herr, das bitt ich dich.

4. Leben gabst du mir, Herr, glauben kann ich nicht. Leben gabst du mir, Herr, glauben kann ich nicht. Der du die Toten in das Leben rufst, gib mir neues Leben, Herr, das bitt ich dich.

Text: nach Paul Ernst Ruppel, Melodie: Französisches Volkslied

B 169 Unser Vater im Himmel

2. Es geschehe hier dein Wille, mach alles neu, wie im Himmel so auf Erden, mach alles neu, gib uns unser täglich Brot, mach alles neu, unser Vater im Himmel, mach alles neu!

3. Herr, vergib uns unsre Schuld, mach alles neu, wie einander wir vergeben, mach alles neu, und führ uns nicht in Versuchung, mach alles neu, unser Vater im Himmel, mach alles neu!

4. Herr, erlöse uns vom Bösen, mach alles neu, denn dein ist das Reich und die Kraft, mach alles neu, und die Herrlichkeit, amen, mach alles neu, unser Vater im Himmel, mach alles neu!

Text und Melodie: Jongeren Kerk, Venlo, Übertragung: Stefan Vesper

B 170 Seht, welch ein Mensch

2. Seht, welch ein Mensch auf Gottes Spuren geht gegen alle Mühlen jeder Macht. Seht, welch ein Mensch auf Gottes Spuren geht, für die Menschen ein Licht in der Nacht.

Mit Gottes gutem Geist ...

3. Seht, welch ein Mensch auf Gottes Spuren geht, mitten im Getriebe dieser Welt. Seht, welch ein Mensch auf Gottes Spuren geht, seine Liebe ein schützendes Zelt.

Mit Gottes gutem Geist ...

4. Seht, welch ein Mensch auf Gottes Spuren geht. Mitten in der Ohnmacht hat er Kraft. Seht, welch ein Mensch auf Gottes Spuren geht, und auf Erden ein Stück Himmel schafft.

Mit Gottes gutem Geist ...

Text: Hans-Jürgen Netz, Melodie: Fritz Baltruweit

B 171 Dein Reich komme

Laß uns den Weg der Gerechtigkeit gehn ...

2. Dein Reich des Lichts und der Liebe lebt und geschieht unter uns, dein Reich komme ...

Laß uns den Weg der Gerechtigkeit gehn ...

3. Wege durch Leid und Entbehrung führen zu dir, in dein Reich, dein Reich komme ...

Original: Anunciaremos tu reino, Señor, Text: M. P. Figueras, Melodie: Cristobal Halffter

Übertragung: Diethard Zils, Christoph Lehmann

B 172 Gib mir deine Hand

Text: Uwe Seidel, Melodie: Fritz Baltruweit

B 173 Die Zeit, zu beginnen

2. Die Zeit, uns zu wandeln, ist jetzt, der Ort für den Anfang ist hier. Hier und jetzt will die Verheißung singen, hier und jetzt durch die Verhärtung dringen, hier und jetzt ...

3. Die Zeit für die Umkehr ist jetzt, der Ort für den Anfang ist hier. Hier und jetzt will die Verheißung erden, hier und jetzt zur Lebensbrücke werden, hier und jetzt ...

4. Die Zeit, zu vertrauen, ist jetzt, der Ort für den Anfang ist hier. Hier und jetzt will die Verheißung tragen, hier und jetzt die Treue Gottes sagen, hier und jetzt ...

Text: Christa Peickert-Flaspöhler, Melodie: Reinhard Horn

B 174 Selig

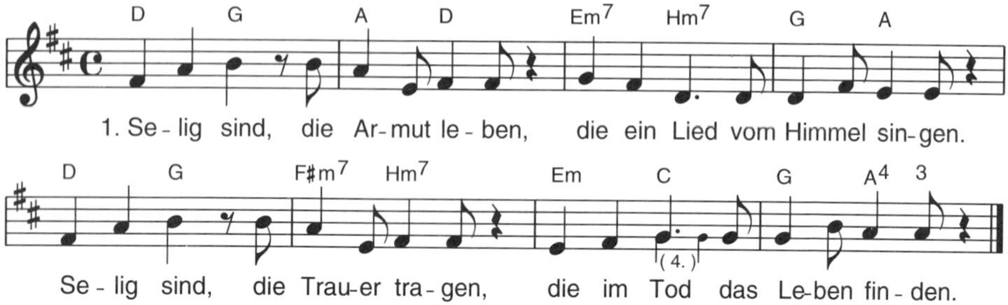

2. Selig sind, die Ohnmacht wagen, die ihr Land ins Morgen führen. Selig sind, die Hunger leiden, die im Schrei gesättigt werden.

3. Selig sind, die hier verzeihen, die ein Licht der Hoffnung werden. Selig sind die tief Verletzten, die der Welt die Wunden heilen.

4. Selig sind, die Frieden stiften, die den Haß mit Liebe binden. Selig sind, die weitersehen, Gottes Namen weitertragen.

Text: Thomas Laubach, Musik: Thomas Quast
aus: Gib der Hoffnung ein Gesicht, 1989

B 175 Gepriesen der Mensch

2. Gepriesen der Mensch, der ehrlich und klar sich selbst in den Blick nimmt: Geschenk und Gefahr. Gepriesen der Mensch, der Frieden versteht und hoffend den Weg der Gerechtigkeit geht.

3. Gepriesen der Mensch, der Licht in die Nacht und Hoffnung und Heil uns von Gott her gebracht. Gepriesen der Mensch, der strahlt wie ein Stern, erhellt von der Sonne, von Christus, dem Herrn.

Text: Henk Jongerius, Melodie: Henk Strategier, Rechte: Goi & Sticht, Hilversum
Übertragung: Diethard Zils

B 176 Wann ist unser Mund voll Lachen

3. (Mel. I) Wenn wir Menschen uns besinnen und dein Name wieder gilt, die Verheißungen beginnen, sich ein Wort an uns erfüllt.

Wann ist unser Mund voll Lachen ...

4. (Mel. II) Wenn die Sterbenden gesunden und die Toten auferstehn, wenn wir, Herr, durch alle Wunden deine Liebe kommen sehn.

Wann ist unser Mund voll Lachen ...

5. (Mel. I) Wenn die Saat, Herr, unter Tränen und mit Mühen ausgesät, uns mit Jubel zu versöhnen, reif in vollen Garben steht:

Dann ist unser Mund voll Lachens, dann wird unser Träumen wahr.

Text: Detlev Block, aus: „Die Welt ist voller Wunder", Sonnenweg-Verlag, Konstanz
Melodie: Elke Platzer, aus „Sag ja zu dir", mundorgel verlag Köln / Waldbröl

B 177 Wo Güte und Treue

Text nach Ps. 85,11 und Jes. 42,3: Uwe Seidel, Melodie: Thomas Quast
Rechte im tvd-Verlag Düsseldorf

B 178 Gott hat sich allen vorgestellt

2. Wir fragen nach Beständigkeit, nach Liebe und Vergeben. Wir suchen Hoffnung für die Welt und jedes kleine Leben. Gott kommt zu uns, er bringt sich selbst, und Friede bleibt sein Angebot. Dem sollen wir vertrauen. Dem sollen wir vertrauen.

3. So mancher Schrei wird überhört vor lauter eignen Klagen. bestärkt wird Ungerechtigkeit, weil wir zu wenig wagen. Wir bitten: Herr, gib deinen Geist, zeig uns, wie man dir heute folgt. Dir wollen wir vertrauen. Dir wollen wir vertrauen.

4. Schon viele in der weiten Welt, die Gottes Ruf vernehmen, stehn gegen die Gewohnheit auf, ermuntern die Bequemen. Sie zeigen sich, und wir tun mit: wir fassen ihre Freundeshand und bitten um Vertrauen — und bitten um Vertrauen.

Text: Manfred Domrös, Jürgen Henkys
Melodie: 1. Teil nach Luthers „Ein neues Lied wir heben an", 2. Teil: Manfred Domrös
Rechte im tvd-Verlag Düsseldorf

B 179 Unter uns, Gott (Kanon)

Text: Thomas Laubach, Kanon: Christoph Lehmann
aus: Gib der Hoffnung ein Gesicht, 1989, Rechte im tvd-Verlag Düsseldorf

B 180 Ich werfe meine Fragen hinüber

2. Ich werfe meine Bitten hinüber wie ein Tau von einem Schiff ans Land. Vielleicht ist einer da und greift herüber. Vielleicht, vielleicht nimmt einer mich an meine Hand. Wenn Gott es ist, der meine Bitten auffängt und nicht läßt, wenn Gott es ist, dann hält er mich samt meinen Bitten fest.

3. Ich werfe meine Angst zu dir hinüber wie ein Tau von einem Schiff ans Land. Vielleicht bist du dann da und greifst herüber. Vielleicht, vielleicht nimmst du mich dann an meiner Hand. Wenn Gott es ist, der meine Ängste auffängt und nicht läßt, wenn Gott es ist, dann hält er mich samt meinen Ängsten fest.

4. Ich werfe meinen Dank zu dir hinüber wie ein Tau von einem Schiff ans Land. Denn du bist da und greifst zu mir herüber. Denn du bist da, bist da und nimmst mich an der Hand. Weil Gott es ist, der all mein Danken auffängt und nicht läßt, weil Gott es ist, hält er auch mich samt meinem Danken fest.

Text: U. G. Fick, Melodie: G. Kloft
Rechte bei den Autoren

B 181 Psalm 23

Text: Psalm 23, Melodie: Peter Janssens
aus: Unkraut leben, 1977

B 182 Der Herr ist mein Hirte (Kanon)

2. Er führt mich zur Weide, Halleluja, und zum frischen Wasser, Halleluja!

3. Und ob ich schon wanderte in finsteren Tal, fürcht' ich doch kein Unglück, Halleluja!

4. Denn du bist bei mir, Halleluja, dein Stab stützt und tröstet mich, Halleluja!

5. Ich fürcht' keine Feinde, Halleluja, denn du hilfst mir siegen, Halleluja!

6. Gutes und Barmherzigkeit, Halleluja, die werden mir folgen, Halleluja!

7. Und so werd' ich bleiben bei dir allezeit in Jesu Namen, in Ewigkeit!

Text: nach Psalm 23 von M. Geiger, Melodie: I. Kindt

B 183 Lieber Vater, halt mich fest

2. Wenn ich tief am Boden lieg, laß mich doch nicht los. Große Angst und Traurigkeit rauben den Verstand. Spür in jedem Sturm und Wind deine gute Hand.

3. Flieg ich auch zu hoch hinaus, laß mich doch nicht los. Auch im allerschönsten Traum brauch ich festen Stand. Spür in jedem Sturm und Wind deine gute Hand.

4. Trägt mich dann der Abendwind, laß mich doch nicht los, über endlos großes Meer fort zu fremdem Strand. Spür in jedem Sturm und Wind deine gute Hand.

Text: Wolfgang Wallrich, Jürgen Fliege, Melodie: Peter Janssens
aus: Ein himmlisches Kind fliegt gegen den Wind, 1983

B 184 Meine Zeit in Gottes Händen

2. Meines Lebens Tag und Jahre sind von dir, mein Gott, erwählt, und wie meines Hauptes Haare jedes Stundenmaß gezählt.

3. Stern des Morgens wir dich nennen, du bist Licht in jeder Nacht, laß das Feuer in uns brennen, scheine hell, du Geistesmacht.

4. Uns ist Gottes Zeit gegeben, daß die Welt gesegnet sei. Christus kommt, und unser Leben wird von allen Schulden frei.

5. Gottes Zeit in unsren Händen, Gottes Wort in Menschenmund. Du willst uns als Boten senden, gib uns Mut und mach dich kund.

Text: Horst D. Finke, Melodie: Manfred Schlenker

B 185 Unsre Zeit in Gottes Händen

2. Unsre Zeit in Gottes Händen, Leben heißt, das Böse wenden und die Schöpfung zu bewahren jeden Tag in allen Jahren.

3. Unsre Zeit in Gottes Händen. Gottes Liebe wird nicht enden, bleibt bei uns, wird uns begleiten jeden Tag in schweren Zeiten.

4. Unsre Zeit in Gottes Händen. Leben heißt, das Böse wenden und auch gegen Dunkelheiten jeden Tag das Licht verbreiten.

5. Unsre Zeit in Gottes Händen. Leben heißt, das Böse wenden und den Menschen zu vertrauen, jeden Tag am Frieden bauen.

6. Unsre Zeit in Gottes Händen. Gottes Liebe wird nicht enden. In der Freude, in den Sorgen, jeden Tag sind wir geborgen.

7. Unsre Zeit in Gottes Händen. Leben heißt, das Böse wenden, jeden Tag ein Zeichen geben, unsre Zeit ist unser Leben.

Text: Hans-Jürgen Netz, Melodie: Fritz Baltruweit

B 186 Wenn einer die Freiheit sucht

2. Wenn einer die Zukunft sucht, ist der eine alleine, einsam, verloren.
Sind zwei oder drei ...

3. Wenn einer das Leben sucht, wird der eine alleine, einsam, verhungern.
Sind zwei oder drei ...

Text: Hans-Jürgen Netz, Melodie: Peter Janssens
Textrechte beim Autor, Musikrechte im Peter Janssens Musik Verlag, Telgte-Westfalen, 1985

B 187 Gott, wir preisen deine Wunder

2. Nun erhöre unsre Bitte und mach dein Versprechen wahr: segne Anfang, Ziel und Mitte auch an diesem Ehepaar. Sei du selber früh und spät Schutz und Schirm, der mit ihm geht.

3. Gib, daß sie sich glücklich machen und vertrauen, Frau und Mann, daß im Weinen und im Lachen ihre Liebe reifen kann, und auch in Enttäuschung nicht die versprochne Treue bricht.

4. Daß die Herzen nicht ersterben, mach sie für einander wach; laß sie täglich um sich werben und sich finden hundertfach. Einer, so will's dein Gebot, sei des andern täglich Brot.

5. Laß sie mehr und mehr dem gleichen, der dein Bild ist: Jesus Christ, immer neu die Hand sich reichen, weil du lauter Hoffnung bist. Guter Gott, verlaß sie nie, trage und vollende sie.

Text: Detlev Block, Rechte im Verlag Vandenhoek & Ruprecht, Göttingen
Melodie: Bodo Hoppe, Rechte: Christlicher Liederverlag Gisela Hoppe, Hatten-Sandkrug

B 188 Es ist ein winzig Menschenkind

2. Es kommt ein Kind mit kleinem Schritt in unsre Welt gegangen, und wieder wird ein altes Lied von vorne angefangen.

Darum fürchtet ...

3. Es wächst ein Kind mit jedem Tag und wird nicht müd, zu schauen, es fragt uns, wieviel Sterne sind und schenkt uns sein Vertrauen.

Darum fürchtet ...

4. Es greift ein Kind nach unsrer Hand im Weinen oder Lachen, in einem Kind sprach Gott sein Wort, das will uns selig machen.

Darum fürchtet ...

Text: Lothar Zenetti, aus: Sieben Farben hat das Licht, Verlag J. Pfeiffer, München
Melodie: Manfred Domrös, Musikrechte im tvd-Verlag Düsseldorf

B 189 Als kleiner Stern am Himmelszelt

2. Als wunderbarer Edelstein, der glänzt wie Tau im Sonnenschein, entdeckt der Mensch, ein Mensch zu sein, wächst auf und ist geborgen. Die Liebe ist uns geschenkt von Gott, der unsre Schritte lenkt. Der selbst an die Kleinsten denkt, weiß auch um ihre Sorgen.

3. Als Flamme und als Feuersglut, die sich verzehrt und niemals ruht, durchsteht der Mensch mit großem Mut trotz Ängsten die Gefahren. Die Hoffnung ist uns geschenkt von Gott, der unsre Schritte lenkt. Der selbst an die Kleinsten denkt, kann auch vor Leid bewahren.

Text: Eckart Bücken, Melodie: polnisches Volkslied
Rechte beim Autor

B 190 Kleines Senfkorn Hoffnung

2. Kleiner Funke Hoffnung, mir umsonst geschenkt, werde ich dich nähren, daß du überspringst, daß du wirst zur Flamme, die uns leuchten kann, Feuer schlägt in alle, alle, die im Finstern sind.

3. Kleine Träne Hoffnung, mir umsonst geschenkt, werde ich dich weinen, daß dich jeder sieht, daß du wirst zur Trauer, die uns handeln macht, leiden läßt mit allen, allen, die in Nöten sind.

4. Kleine Münze Hoffnung, mir umsonst geschenkt, werde ich dich teilen, daß du Zinsen trägst, daß du wirst zur Gabe, die uns leben läßt, Reichtum selbst für alle, alle, die in Armut sind.

5. Kleines Sandkorn Hoffnung, mir umsonst geschenkt, werde ich dich streuen, daß du manchmal bremst, daß du wirst zum Grunde, der uns halten läßt, Neues wird mit allen, allen, die in Zwängen sind.

Text: Alois Albrecht, Melodie: Ludger Edelkötter
aus: Weil du mich so magst

B 191 Gott gab uns Atem

2. Gott gab uns Ohren, damit wir hören, er gab uns Worte, daß wir verstehn. Gott will nicht diese Erde zerstören. Er schuf sie gut, er schuf sie schön.

3. Gott gab uns Hände, damit wir handeln, er gab uns Füße, daß wir fest stehn. Gott will mit uns die Erde verwandeln. Wir können neu durchs Leben gehn.

Text: Eckart Bücken, Melodie: Peter Janssens
aus: Ein himmlisches Kind fliegt gegen den Wind, 1983

B 192 Das gleiche Wort

2. Dein Werk, du hast es angeschaut, es war sehr gut. Du, Mensch, dir sei es anvertraut, nimm es in Hut.

3. Wir haben wohl dein Wort gehört, wir hielten's nicht, wir haben deine Welt zerstört uns zum Gericht.

4. Herr, gib uns einen neuen Mut, zu baun das Land. Was gut war, werde wieder gut durch unsre Hand.

Text: Klaus Berg, Melodie: Oskar Gottlieb Blarr
aus: Es sind doch deine Kinder, 1983

B 193 Das könnte sein

2. Es könnte sein, daß wir bescheiden werden, daß jeder teilt, den andern nicht vergißt. Es könnte sein, daß wir nie mehr gefährden, was uns zu hüten aufgetragen ist.

Gottes Schöpfung ...

3. Es könnte sein, daß wir die Angst abbauen, die zwischen uns als dicke Mauer steht. Es könnte sein, daß wir selbst dem vertrauen, dem Argwohn, Neid und Haß entgegenweht.

Gottes Schöpfung ...

4. Es könnte sein, daß wir uns nicht mehr binden in eine Rasse, Klasse oder Zunft. Es könnte sein, daß wir zur Liebe finden, die höher steht als menschliche Vernunft.

Gottes Schöpfung ...

Text: Eugen Eckert, Melodie: Jürgen Kandziora
aus: Manchmal finde ich eine Spur, SU 9976

B 194 Solange die Erde noch steht

2. Solange die Erde noch steht und diese Welt sich noch dreht, sollen Wind und Regen, Flut und Ebbe, Lachen und Weinen nicht aufhör'n. Aufhören soll nicht Tag und Nacht, gebt auf die Erde acht.

3. Solange die Erde noch steht und diese Welt sich noch dreht, sollen Licht und Schatten, Mond und Sterne, Glauben und Hoffen nicht aufhör'n. Aufhören soll nicht Tag und Nacht, gebt auf die Erde acht.

Text: Hans-Jürgen Netz, Melodie: Peter Janssens

B 195 Wo ein Mensch Vertrauen gibt

2. Wo ein Mensch den andern sieht, nicht nur sich und seine Welt, fällt ein Tropfen von dem Regen, der aus Wüsten Gärten macht.

3. Wo ein Mensch sich selbst verschenkt und den alten Weg verläßt, fällt ein Tropfen von dem Regen, der aus Wüsten Gärten macht.

Text: Hans-Jürgen Netz, Melodie: Fritz Baltruweit

B 196 Da ein Mensch, der Frieden will

2. Da ein Mensch der Fragen stellt, hier ein Mensch, der Antwort sucht. Sprachen müssen nicht mehr Grenzen zwischen Mensch und Menschen sein.

3. Da ein Mensch, der schwarz ist, hier ein Mensch, der weiß ist. Rassen müssen nicht mehr Grenzen zwischen Mensch und Menschen sein.

4. Da ein Mensch, den jeder kennt, hier ein Mensch, den keiner kennt. Namen müssen nicht mehr Grenzen zwischen Mensch und Menschen sein.

Text: Hans-Jürgen Netz, Dietmar Schröder, Melodie: Peter Janssens
aus: Ehre sei Gott auf der Erde, 1974

B 197 Füße hast du und Flügel

2. Sprache hast du und Lieder, such die Verstummten, trag deine Töne in ihre Welt. Sein Wort hält dich auf deinem Weg. Sprache hast du und Lieder.

3. Funken hast du und Feuer, such die Verbannten, trag deine Lichter in ihre Nacht. Sein Wort hält dich auf deinem Weg. Funken hast du und Feuer.

4. Hände hast du zu wandeln Trauer in Freude, Tränen in Lachen an jedem Tag. Sein Wort hält dich in deinem Tun. Hände hast du zu wandeln, Hände hast du zu wandeln.

Text: Thomas Laubach, Melodie: Thomas Quast

B 198 Als Jesus Schuhe putzte

2. Als Jesus Kranke heilte, da faßte er sie an, und manch Gesunder dachte: der wird noch krank daran. Da kam ein Mann und sagte: Wie konntest du das tun, die Kranken sind doch unrein, auch du bist unrein nun ...

3. Als Jesus Tote weckte, ging er ins Totenhaus, er trocknete die Tränen und trieb die Trauer aus. Da kam ein Mann und sagte: Wie konntest du das tun, die Toten sind gestorben, und Gott will, daß sie ruhn ...

4. Als Jesus sterben sollte, da hing man ihn ans Holz, und sagte, du bist schuldig und meinte, er sei stolz. Da kam keiner und sagte: Wie konntet ihr das tun, der Schmutz an seinen Händen kam doch von euren Schuhn ...

Text: Jutta Richter, Melodie: Ludger Edelkötter
aus: Weißt du, wo der Himmel ist?

B 199 Lassen wir Platz an unsern Tischen

2. Lassen wir zwischen unsern Worten Zeit dem, der fremd in unserm Land? Ob er in unsrer lauten Welt Ohren, ihm zuzuhören, fand?

Wolln wir die Erde ganz verderben ...

3. Lassen wir Platz in unsern Kirchen für den, der fremd in unserm Land? Und wird er, wenn er zu uns kommt, als Freund und Bruder anerkannt?

Wolln wir die Erde ganz verderben ...

4. Haben wir Platz bei unsern Festen für den, der fremd in unserm Land? Laden wir ihn zum Tanze ein, wenn er bescheiden steht am Rand?

Wolln wir die Erde ganz verderben ...

Original: "Laisserons-nous à notre table"
Text: Michel Scouarnec, Melodie: Jo Akepsimas,
Übertragung: Diethard Zils,

B 200 Gottes Geist befreit zum Leben (Kanon)

Text: Hans-Jürgen Netz, Kanon: Christoph Lehmann
Rechte im tvd-Verlag Düsseldorf

B 201 Gottes Geist befreit zum Leben

2. Gottes Geist befreit zum Leben, steter Tropfen höhlt den Stein. Gottes Geist befreit zum Leben, Wüsten werden Gärten sein. Gottes Geist befreit zum Leben, Mauern halten nicht mehr stand. Gottes Geist befreit zum Leben, langer Weg in neues Land.

3. Gottes Geist befreit zum Leben, Träume blühen aus dem Sand. Gottes Geist befreit zum Leben, kommt, wir reichen uns die Hand. Gottes Geist befreit zum Leben, Mauern halten nicht mehr stand. Gottes Geist befreit zum Leben, langer Weg in neues Land.

4. Gottes Geist befreit zum Leben, keiner kennt den Weg allein. Gottes Geist befreit zum Leben, laßt uns Kinder Gottes sein. Gottes Geist befreit zum Leben, Mauern halten nicht mehr stand. Gottes Geist befreit zum Leben, langer Weg in neues Land.

Text: Hans-Jürgen Netz, Melodie: Nis-Edwin List-Petersen
Rechte im tvd-Verlag Düsseldorf

B 202 Das Wort Frieden

2. Das Wort ist mit Blut in die Erde geflossen. Doch hat keine Kugel das Wort erschossen. Das Wort Frieden ...

3. Das Wort hat Gewalt in Kerkern und Gittern. Das Wort hat Macht, daß die Mächtigen zittern. Das Wort Frieden ...

4. Das Wort soll der Sturm in alle Welt treiben. Das Wort ist ein Wort und darf kein Wort bleiben. Das Wort Frieden ...

Text: Rudolf Otto Wiemer, Melodie: Holger Clausen
Rechte im tvd-Verlag Düsseldorf

B 203 Auf leisen Sohlen (Kanon)

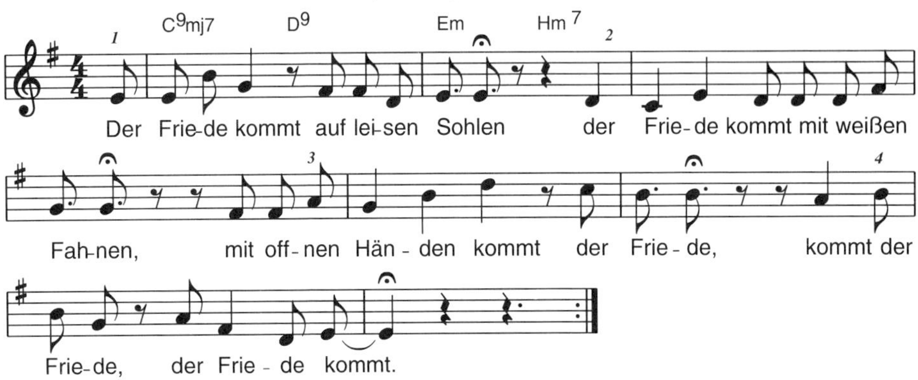

Text: Thomas Laubach, Musik: Thomas Quast
aus: Unser Traum ist der Weg, 1991
Rechte im tvd-Verlag Düsseldorf

B 204 Schalom für Dorf und Stadt

2. Schalom für Wolf und Lamm, schalom macht wilde Tiere zahm. Ein Kind, das Leu und Esel lenkt, ein Mensch, der nie an Krieg mehr denkt: Gott will die neue Welt, lädt ein in sein Zelt.

3. Schalom für Mensch und Tier, schalom, dann ist die Erde hier ein Paradies, wo jedermann den Frieden endlich finden kann. Gott will die neue Welt, lädt ein in sein Zelt.

Text: Wim Reckman, Melodie: Joop Stokkermans, Rechte: Goi & Sticht, Hilversum
Übertragung: Diethard Zils, Rechte (Ü) im tvd-Verlag Düsseldorf

B 205 Sing das Lied vom großen Frieden

2. Laßt uns neue Pläne schmieden für die Friedenszeit. Öffnet für den großen Wunsch eure Herzen weit. Spiel den Frieden, nicht den Krieg ...

3. Nehmt euch an die Hände fest, ihr seid nicht allein. Wenn die Angst erst ist vorbei, dann wird Friede sein. Spiel den Frieden, nicht den Krieg ...

Text: Johannes Thiele, Melodie: Ludger Edelkötter
aus: Biblische Spiellieder zum Haiti-Hungertuch

B 206 Unfriede herrscht auf der Erde

2. In jedem Menschen selbst herrschen Unrast und Unruh' ohn' Ende, selbst wenn wir ständig versuchen, Frieden für alle zu schaffen. Friede soll mit euch sein ...

3. Laß uns in deiner Hand finden, was du für alle verheißen. Herr, fülle unser Verlangen, gib du uns selber den Frieden. Friede soll mit euch sein ...

Text und Melodie: Zofia Jasnota

B 207 Im Angesicht der Macht

Text: Thomas Laubach, Melodie: Thomas Quast

B 208 Waffen zerstören die Erde im Krieg

2. Reichtum als Lebensziel bringt andern Not. Mut, Mut sich zu wehren. Teilen als Lebensstil hindert den Tod. Grund, Grund sich zu freuen ...

3. Angst vor dem Morgen macht lahm und macht krank. Mut, Mut sich zu wehren. Christus besiegt die Angst. Christus sei Dank! Grund, Grund sich zu freuen ...

4. Haß führt zu Einsamkeit, Blindheit und Streit. Mut, Mut sich zu wehren. Liebe ist stärker, die Liebe reicht weit. Grund, Grund sich zu freuen ...

5. In Ost und West zerteilt, friert Leben fest. Mut, Mut sich zu wehren. In Christus einig sein. Leben ein Fest. Grund, Grund sich zu freuen ...

Text: M. Benckert, Melodie: Oskar Gottlieb Blarr

B 209 Wenn einer zu reden beginnt

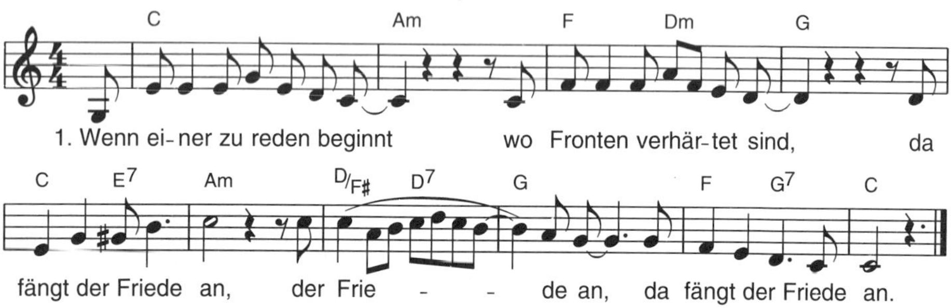

2. Wenn einer zu schweigen beginnt, wo zu viele Worte sind, da fängt der Friede an ...

3. Wenn einer zu denken beginnt, wo offene Fragen sind, da fängt der Friede an ...

4. Wenn einer zu handeln beginnt, wo viele Probleme sind, da fängt der Friede an ...

5. Wenn einer zu beten beginnt, wo Menschen am Ende sind, da fängt der Friede an ...

Text: Raimund Weber, Melodie: Ludger Edelkötter
aus: Weitersagen

B 210 Hoffen wider alle Hoffnung

2. Fühlen, wo Gefühle sterben, Licht sehn da, wo alles dunkel scheint. Handeln, anstatt tatenlos zu trauern, trösten auch den, der ohne Tränen weint.

3. Wach sein, Zeichen klar erkennen, helfen trotz der eignen großen Not. Aufstehn gegen Unrecht, Mord und Lüge, nicht einfach schweigen, wo die Welt bedroht.

4. Trauen dem, der uns gesagt hat: „Seht doch, ich bin bei euch alle Zeit." Mit uns ist er auch in unserm Suchen, bis wir ihn schaun im Licht der Ewigkeit.

Text und Melodie: Heinz Martin Lonquich, Köln

B 211 Pflanzt den Baum der Hoffnung

2. Pflanzt den Baum des Lebens vor unsre Stadt, daß der graue Stein eine Frage hat. Lebensraum schafft er für uns Blatt für Blatt. Pflanzt den Baum des Lebens vor unsre Stadt.

3. Pflanzt den Baum des Friedens in unser Land, pflegt ihn und begreift seinen schweren Stand. Für alle blüht er, macht ihn weltbekannt. Pflanzt den Baum des Friedens in unser Land.

Autoren unbekannt
(DDR 1982)

B 212 Unsere Hoffnung bezwingt die schwarze Angst

2. Unsere Hoffnung bezwingt den braunen Sand. Wir sehen schon das Grün der Bäume und Wiesen. Wir träumen den Frühling, der blühen wird für uns, weil du unser Gott bist.

3. Unsere Hoffnung bezwingt das rote Meer. Wir sehen schon das Rot der Rosen, des Weines. Wir träumen die Liebe, die glühen wird in uns, weil du unser Gott bist.

4. Unsere Hoffnung bezwingt den grauen Fels. Wir sehen schon das Blau der Bäche, der Seen. Wir träumen das Wasser, das fließen wird zu uns, weil du unser Gott bist.

5. Unsere Hoffnung bezwingt den fahlen Stein. Wir sehen schon das Gelb der Ähren, des Honigs. Wir träumen die Ernte, die kommen wird für uns, weil du unser Gott bist.

6. Unsere Hoffnung bezwingt den bleichen Tod. Wir sehen schon das Gold des Sieges, des Friedens. Wir träumen das Leben, das ewig währt bei dir, weil du unser Gott bist.

7. Unsere Hoffnung gewinnt das neue Land. Es leuchtet schon im Regenbogen alle Welt. Wir träumen die Schöpfung, die vollendet wird in dir, weil du unser Gott bist.

Text: Alois Albrecht, Melodie: Hans Florenz

B 213 Im Jubel ernten

2. Wie Träumende werden wir sein, als Menschen zu einander Schritte finden, Schritte gehen ins neue Land.

Im Jubel ernten ...

3. Wie Träumende werden wir sein, als Menschen miteinander Hoffnung schöpfen, Hoffnung schenken im neuen Land.

Im Jubel ernten ...

Text: Thomas Laubach, Melodie: Thomas Quast
Rechte im tvd-Verlag Düsseldorf

B 214 Unterwegs

2. Sitzen wir alle im gleichen Boot, ein Wunder, daß wir nicht sinken, noch stehen Zeichen am Horizont, retten uns vor dem Ertrinken.

Unterwegs sind wir ...

3. Treiben wir alle im Wellental, und keiner weiß, wie das endet, nehmen wir Kurs aus der Leidenszeit, finden wir den, der sie wendet.

Unterwegs sind wir ...

Text: Eckart Bücken, Melodie: Oskar Gottlieb Blarr
Rechte im tvd-Verlag Düsseldorf

B 215 Ein Licht, in dir geborgen

2. Ein Lachen in deinen Augen vertreibt die blinde Wut. Ein Licht, in dir geborgen, wird Kraft in tiefer Not.

So wie die Nacht flieht vor dem Morgen ...

Text und Melodie: Gregor Linßen

B 216 Leben wird es geben

2. Lernt euch unterscheiden, gebt euch endlich frei, nur beschränkte Köpfe wolln das Einerlei. Achtet andre Farben, hütet euch vor Krieg, laßt das Missionieren, Frieden heißt der Sieg.

Frieden, Frieden wird es geben, Frieden, Frieden vor dem Tod.

3. Mensch, du hast die Zukunft noch in deiner Hand, spiel nicht mit dem Feuer, bist genug gebrannt. Wasch das Bild der Erde frei von Blut und Not, daß sie Heimat werde, schön und unbedroht.

Hoffnung, Hoffnung wird es geben, Hoffnung, Hoffnung vor dem Tod.

Text: Friedrich-Karl Barth und Peter Horst, Melodie: Peter Janssens
aus: Leben wird es geben, 1975

B 217 Exodus-Lied

2. Wir kehren den Rücken den Treibern und Schlägern, vor uns ist Zukunft. Aber man jagt uns, uns holt die Angst ein, wärn wir geblieben.

Aber der Herr, der Herr redet ...

3. Wir sehen die Wolke, wir sehen das Feuer, Gott führt durch die Wüste. Trinket und esset, singt eure Lieder, Lieder von morgen.

Aber der Herr, der Herr redet ...

Text: Klaus Berg, Melodie: Fritz Baltruweit

B 218 Wir, an Babels fremden Ufern

2. lassen unsrer großen Sehnsucht, unsern Tränen freien Lauf, und wir hängen unsre Harfen in den Weidenbüschen auf.

3. Die uns hier gefangen halten, fordern frech von uns ein Lied: „Singt ein Lied von Zions Liedern, wenn ihr hin zum Tempel zieht!"

4. Doch wir können hier nicht singen, fern von Zion, ohne Land. Wenn ich, Zion, dein vergäße, soll verdorren meine Hand.

5. Jesu Kreuz sei meine Hoffnung gegen jede Tyrannei, und durch seine Auferstehung ziehn *wir aus der Sklaverei.*

Text und Melodie: aus Lettland, Übertragung: Diethard Zils

B 219 Volk auf dem Weg in die Freiheit

2. Singe das Lied von der Freiheit, singe von Wein und von Brot, sing Leben, sing Auferstehung, baue nicht mehr auf den Tod.

3. Baue auf Gott, der in Jesus Menschen aus Knechtschaft befreit, schüttle die Angst aus den Kleidern, Hoffnung blüht auf weit und breit.

Text und Melodie aus Portugal, Übertragung: Diethard Zils

B 220 Kommt aus dem Sumpf heraus

2. Dann wird die Frage laut: Wird jemand je mir nah sein? Die Antwort, fremd-vertraut: ich werde für dich da sein.

Kommt aus dem Sumpf heraus ...

3. Noch eben war ich tot, kein Weg, kein Licht zu sehen, da wird es morgenrot, ich seh mich auferstehen.

Kommt aus dem Sumpf heraus ...

4. Schlag nicht die Türe zu, es ist noch nicht zu Ende. Gott wie ein Rendez-vous, Mensch, wenn er dich nicht fände!

Kommt aus dem Sumpf heraus ...

Original: "Quittez vos basses eaux"
Text: Jean Debruynne, Melodie: Gaëtan de Courreges, Rechte: Editions musicales Auvidis
Übertragung: Diethard Zils

B 221 Die Steppe wird blühen

2. Die Flüchtlinge kommen nach Hause mit leuchtenden Garben. Die gingen in Trauer bis ans Ende der Erde, hoffnungslos und allein, sie kommen in Scharen. Wie Bäche voll Wasser, wie Bäche voll rauschenden Wassers, stürzend herab von den Bergen, wie Lachen und Jauchzen. Die säten in Tränen, sie kommen und lachen und jauchzen.

3. Der Tote wird leben, die Tote wird hören: jetzt Leben. Zuende gegangen, unter Steinen begraben: Toter, Tote, steh auf, ein ganz neuer Morgen. Es winkt eine Hand uns, es ruft eine Stimme: ich öffne Himmel und Erde und Abgrund. Und wir werden hören, und wir werden aufstehn und lachen und jauchzen und leben.

Text: Huub Oosterhuis, Melodie: Antoine Oomen
Übertragung: Diethard Zils
Rechte (Ü) im tvd-Verlag Düsseldorf

B 222 Wenn die Armen sich freuen

2. Erde, du stöhnst „Unterdrückung", leidest Ungerechtigkeit. Bald wird das Tal der Tränen Zeuge der Befreiung sein: die Campesinos kommen, Mutter Erde zu befrein.

3. Arbeiter haben den Schlüssel zu der Wahrheit in der Hand. Brüderlichkeit und Gleichheit lernten sie in ihrer Not, Schulter an Schulter, Brüder, überwinden wir den Tod.

4. Fischer, sie kommen vom Fange, Schiff und Männer, Wind und Meer; feindlicher Hafen, Müdigkeit nach einer schweren Nacht: bald werden sie erleben, daß die Sonne ihnen lacht.

5. Ja, wenn die Armen sich freuen, dann weil nahe ist der Tag. Marsch viele hundert Jahre lang in Angst und Traurigkeit, Volk auf dem Weg zur Freiheit, aus dem Sklavenhaus befreit.

am Schluß:

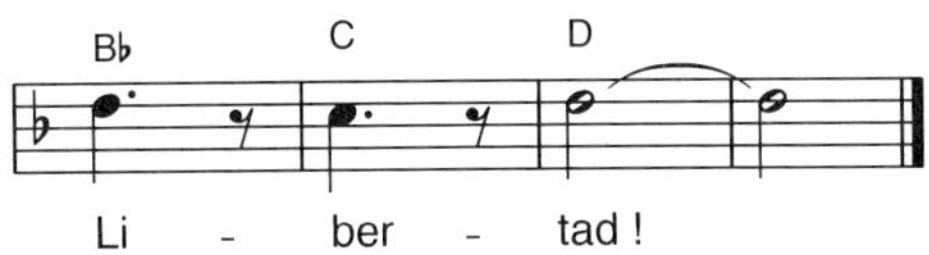

Text und Melodie aus: Lieder peruanischer Basisgemeinden
Übertragung: Diethard Zils

B 223 Laß uns in deinem Namen, Herr

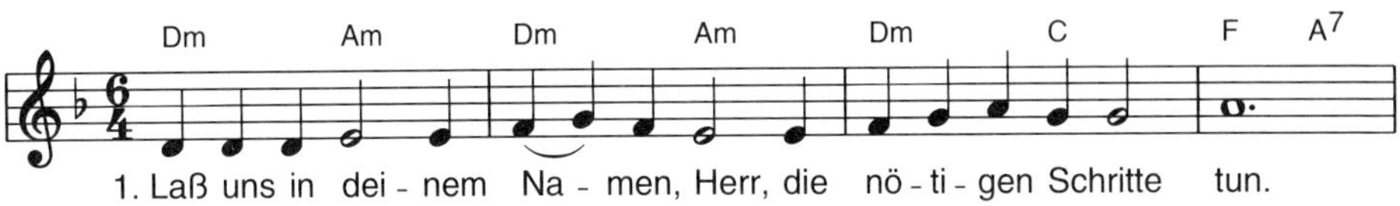

2. Laß uns in deinem Namen, Herr, die nötigen Schritte tun. Gib und den Mut, voll Liebe, Herr, heute die Wahrheit zu leben.

3. Laß uns in deinem Namen, Herr, die nötigen Schritte tun. Gib uns den Mut, voll Hoffnung, Herr, heute von vorn zu beginnen.

4. Laß uns in deinem Namen, Herr, die nötigen Schritte tun. Gib uns den Mut, voll Glauben, Herr, mit dir zu Menschen zu werden.

Text und Melodie: Kurt Rommel

B 224 Durch das Dunkel

2. Durch das Dunkel hindurch dringt ein neues Wort ...
Das Wort wird uns zur Zuversicht, steht auf ...

3. Durch das Dunkel hindurch führt ein neuer Weg ...
Der Weg wird unsre Zukunft sein, steht auf ...

4. Durch das Dunkel hindurch stärkt ein Bissen Brot ...
Das Brot soll unser Zeichen sein, steht auf ...

5. Durch das Dunkel hindurch schließen wir den Bund ...
den Bund, der uns mit Gott vereint, steht auf ...

Text: Hans-Jürgen Netz, Melodie: Christoph Lehmann
aus: Das Schweigen bricht, 1987

B 225 Da berühren sich Himmel und Erde

2. Wo Menschen sich verschenken, die Liebe bedenken, und neu beginnen, ganz neu, da berühren sich Himmel und Erde ...

3. Wo Mensch sich verbünden, den Haß überwinden, und neu beginnen, ganz neu, da berühren sich Himmel und Erde ...

Text: Thomas Laubach, Melodie: Christoph Lehmann
aus: Gib der Hoffnung ein Gesicht, 1989

B 226 Im Meer der Zeit

2. Ein Atemzug, ein Fingerzeig, ein Lachen und ein Wort, ein Atemzug, ein Fingerzeig, ich spüre meinen Gott.

Im Meer der Zeit ...

3. In jeder Angst und Einsamkeit, in allergrößter Not, in jeder Angst und Einsamkeit bist du bei mir, mein Gott.

Im Meer der Zeit ...

4. Ein kleiner Traum, ein kleiner Schritt, ein kleiner Bissen Brot, ein kleiner Traum, ein kleiner Schritt, bleib bei mir, du mein Gott.

Im Meer der Zeit ... (2x)

Text: Hans-Jürgen Netz, Melodie: Peter Janssens
aus: Wann wird es Recht und Frieden regnen, 1991

B 227 Moritat vom Nutzen der Seefahrt

2. Jona hatte seine Gründe (theologisch sagt man Sünde). Er versteckte sich vor Gott, machte sich nach Spanien flott, und von Jaffa aus gesehn, war der Abstand auch ganz schön. Jona, farewell! Wird es denn gut gehn? Werden wir Blut sehn? Dann aber schnell!

3. Und so bringt die nächste Strophe nun bereits die Katastrophe: Sturm und Wellen wüten sehr — Jona schwimmt im Mittelmeer, was ja wohl auch offenbar sein verdientes Ende war. Jona, sauf ab! In Seemanns-Chören werden wir hören von deinem Grab.

4. Aber Gott — man kann sich's denken — will den Jona nicht versenken. Schon seit je erfinderisch, sorgt er jetzt für einen Fisch, der, entsprechend im Format, Jona hinterschlucken tat. Jona, nun rutsch! Hier bei den Flundern kannst du dich wundern — fast warst du futsch.

5. Jona in des Fisches Leibe hatte erst mal eine Bleibe. Dieser Raum, wenn auch beengt, hat sein Gutes: Jona denkt, und sein Denken wird Gebet (schließlich ist er ja Prophet). Jona, man tau! Im Todesrachen kann man nichts machen, außer Radau.

6. Jona dachte schließ- und endlich: Meine Bangigkeit ist schändlich. Zwar ein Fisch ist meine Gruft, doch ich hab noch immer Luft. Gott erhält mich allemal — wo liegt da bloß die Moral? Jona, holl fast! Ist dir jetzt klarer, was du Seefahrer vergessen hast?

7. Jona hat sich selbst verlassen und bekehrte sich im Nassen. Er verstand mit einem Mal: Gott ist in der Überzahl, und wenn so die Sachen stehn, kann die Angst zum Teufel gehn. Jona, halt stand! Dein Fisch muß spucken vor Magenjucken: gleich siehst du Land.

Text: Gerhard Valentin, Melodie: Christoph Lehmann

B 228 ... daß noch tausend und ein Morgen wird

2. Scheint als Stern in dunklen Nächten, Atemnot haucht Leben ein, setzt auf's Spiel, 𝄾 wo alles zögert, neue Menschen könnt ihr sein,

daß noch tausend und ein Morgen ...

3. Brecht aus festgelegten Bahnen, gebt der Hoffnung ein Gesicht, in den Fluchten seid selbst Zuflucht, und der Ahnung werdet Licht,

daß noch tausend und ein Morgen ...

Text: Thomas Laubach, Musik: Thomas Quast
aus: Gib der Hoffnung ein Gesicht, 1989

B 229 Es wird kommen der Tag neuen Lebens

2. An dem Tag streiken Kölns Kardinäle, und die Liebe ist einzige Norm, und die Bischöfe steigen vom Throne, und der Papst macht die Kurienreform.

3. Wenn ein griechischer Hafenarbeiter nicht mehr Schiffe mit Waffen entlädt, und ein Mähdrescherfahrer Ägytens sein Korn auf dem Sinai mäht.

4. In Nordirland gehn Iren zur Kirche, und in Rom wird der Papst dann getraut, und ein Schwarzer regiert in Pretoria, und Angola wird neu aufgebaut.

5. An dem Tag werden Kerker sich öffnen, und die Stunde der Freiheit ist da. Dann umarmen wir unsre Geschwister. Dieser Tag neuen Lebens ist nah.

Text: Diethard Zils, Melodie: Folksong aus den USA
Textrechte im tvd-Verlag Düsseldorf

B 230 Wenn das Brot, das wir teilen

2. Wenn das Leid jedes Armen uns Christus zeigt, und die Not, die wir lindern, zur Freude wird, dann hat Gott unter uns schon sein Haus gebaut ...

3. Wenn die Hand, die wir halten, uns selber hält, und das Kleid, das wir schenken, auch uns bedeckt, dann hat Gott unter uns schon sein Haus gebaut ...

4. Wenn der Trost, den wir geben, uns weiter trägt, und der Schmerz, den wir teilen, zur Hoffnung wird, dann hat Gott unter uns schon sein Haus gebaut ...

5. Wenn das Leid, das wir tragen, den Weg uns weist, und der Tod, den wir sterben, vom Leben singt, dann hat Gott unter uns schon sein Haus gebaut ...

Text: Claus-Peter März, Melodie: Kurt Grahl

B 231 Wenn wir das Leben teilen

2. Wenn wir das Blut des Lebens teilen wie den Wein, wenn man erkennt: in uns wird Gott lebendig sein: Jesus Christ ...

3. Wenn wir uns öffnen für den Herrn in dieser Zeit, Wege ihm bahnen, daß er kommt und uns befreit: Jesus Christ ...

4. Wenn erst durch unsern Aufschrei Freiheit sichtbar wird, wenn Gott es ist, der uns in unserm Handeln führt: Jesus Christ ...

5. Wenn wir die Liebe leben, die den Tod bezwingt, glauben an Gottes Reich, das neues Leben bringt: Jesus Christ ...

6. Wenn wir in unsern Liedern loben Jesus Christ, der für uns Menschen starb und auferstanden ist: Jesus Christ ...

Text: Rozier / Hans Florenz, Melodie: Wackenheim

B 232 Gott, geh du mit uns

2. Deine Liebe verstehen ...

3. Deine Taten verstehen ...

4. Deinen Frieden verstehen ...

5. Deinen Himmel verstehen ...

Text: Hans-Jürgen Netz, Melodie: Peter Janssens
aus: Wann wird es Recht und Frieden regnen, 1991

B 233 Gehe ein in deinen Frieden

2. Ihn, um den die Sterne kreisen, ihn, der alle Himmel kennt, preist ihn, der in unsern Nächten heller als die Sonne brennt. Der das Grauen, der den Tod bezwang, beugt sich über unseren Schlaf.

Preist den Tag und die Nacht ...

Text und Melodie: aus Israel, freie Übertragung: Helmut König
2. Strophe: Christine Heuser

B 234 Die Zeit vergeht

2. Der Tag vergeht, Hoffnung verweht. In deinen Händen, Gott, liegt jeder Tag. ...

3. Ein Jahr vergeht, Hoffnung verweht. In deinen Händen, Gott, liegt jedes Jahr. ...

4. Die Zeit vergeht, Hoffnung verweht. In deinen Händen, Gott, liegt alle Zeit. ...

Text: Hans-Jürgen Netz, Melodie: Holger Clausen
aus: Gib der Hoffnung ein Gesicht, 1989

Gesänge aus Taizé

für alle Lieder B 235 bis B 248 gilt:
Musik: Jacques Berthier

B 235 Kyrie eleison

B 236 Kyrie eleison

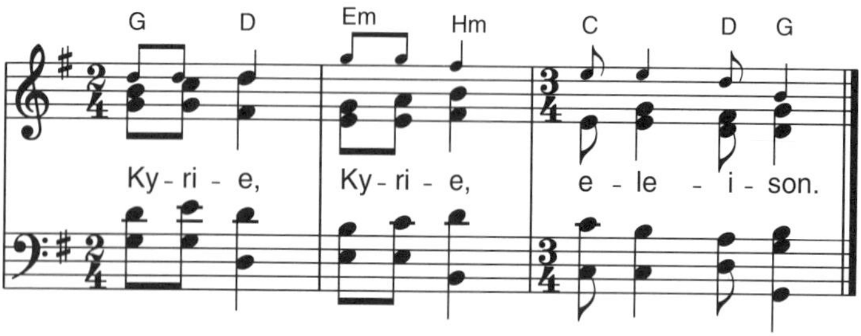

B 237 Gloria (Kanon)

B 238 Gloria ... Et in terra pax (Kanon)

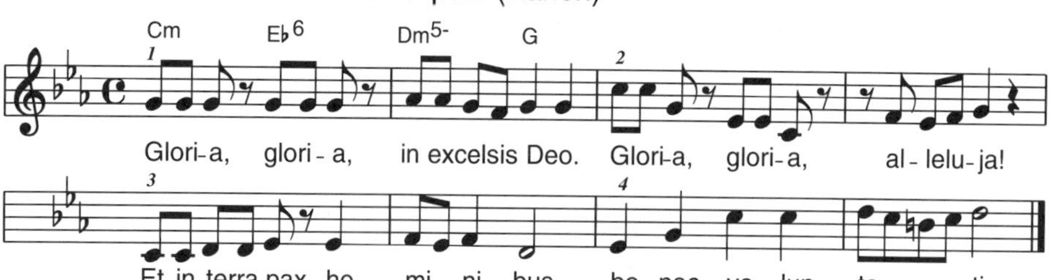

B 239 Gloria Patri et Filio

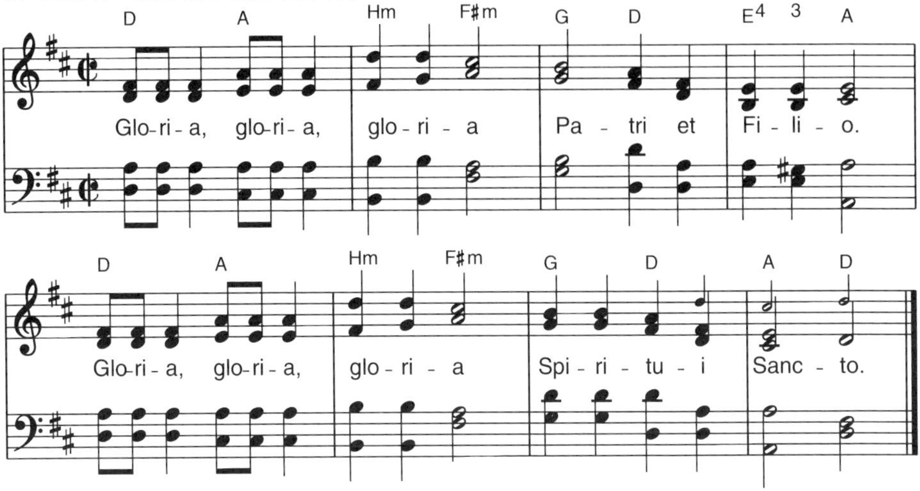

B 240 Laudate omnes gentes

All ihr Völker, lobt den Herrn.

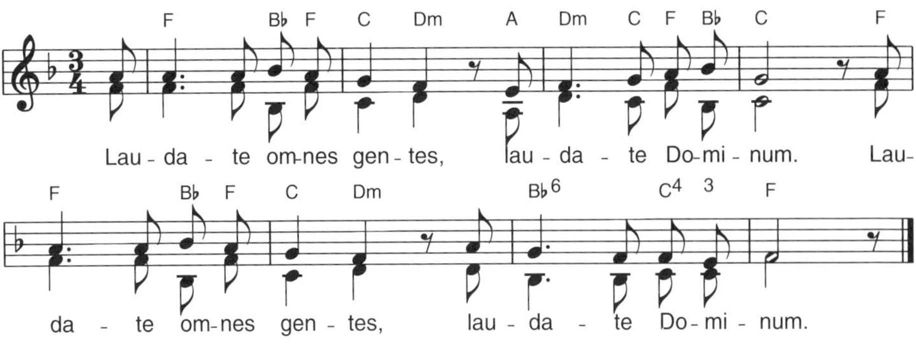

B 241 Adoramus te, Domine

Wir beten dich an, Herr.

B 242 Bleib mit deiner Gnade bei uns

B 243 Bleibet hier und wachet mit mir

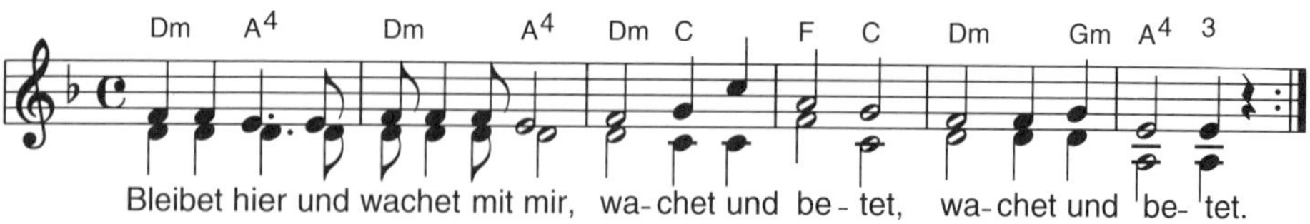

B 244 Misericordias Domini

Von deinem Erbarmen, Herr, will ich singen in Ewigkeit.

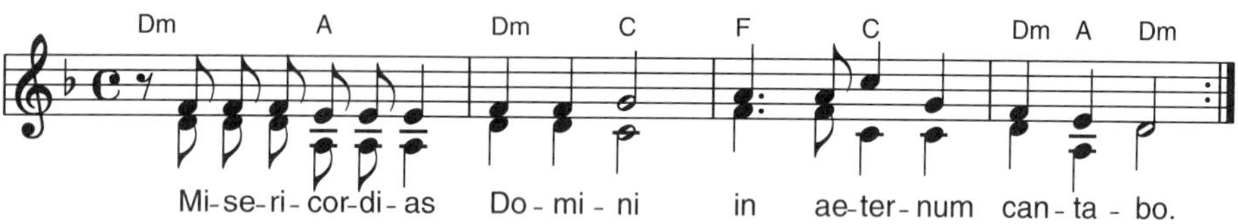

B 245 Confitemini Domino

Dankt dem Herrn, denn er ist gut. Halleluja.

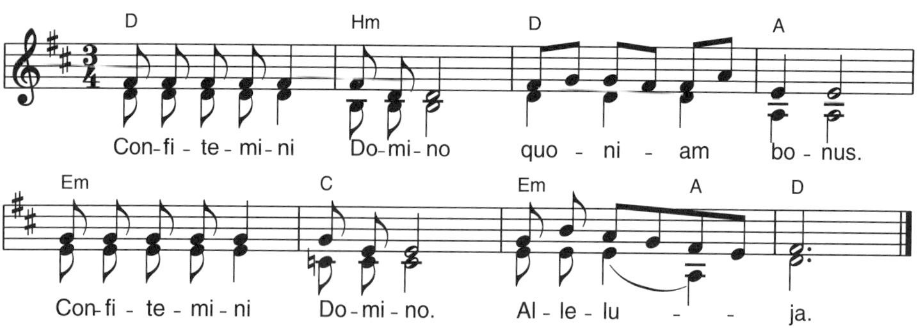

B 246 Dona la pace Signore

Gib Frieden, Herr, denen, die dir vertrauen.

B 247 Ostende nobis Domine

Zeig uns, Herr, dein Erbarmen. Amen. Komm bald.

B 248 Ubi caritas et amor

Wo Barmherigkeit ist und Liebe, da ist Gott.

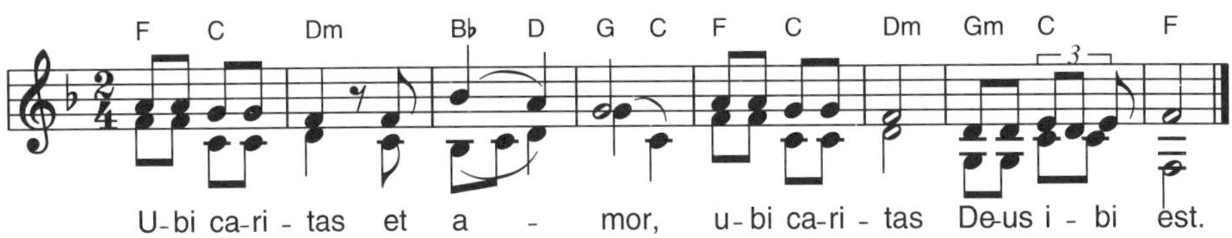

C 25 Tragt in die Welt nun ein Licht

2. Tragt zu den Alten ein Licht ...

3. Tragt zu den Kranken ein Licht ...

4. Tragt zu den Kindern ein Licht ...

Text und Melodie: Jochen Kreiter
Rechte im Verlag Ernst Kaufmann, Lahr

C 26 Licht der Liebe

2. Ein Licht weist den Weg, der zur Hoffnung führt, erfüllt den Tag, daß es jeder spürt.
Licht der Liebe ...

3. Ein Licht macht uns froh, wir sind nicht allein. An jedem Ort wird es bei uns sein.
Licht der Liebe ...

4. Ein Licht steckt uns an, macht uns selbst zu Licht. Wir fürchten uns, weil wir leuchten, nicht.
Licht der Liebe ...

Text: Eckart Bücken, Melodie: Detlev Jöcker
aus: „Licht auf meinem Weg"
Rechte im Menschenkinder Musikverlag, Münster

C 27 Mond und Sterne

(auch als 2-st. Kanon zu singen)

2. Mond und Sterne gehen mit, viele Kerzen Schritt für Schritt.
Ein Licht ...

3. Mond und Sterne leuchten auch, viele Kerzen, alter Brauch.
Ein Licht ...

Text: Hans-Jürgen Netz, Melodie: Christoph Lehmann

C 28 Du, lieber Martin

2. Du, lieber Martin, hilf, daß wir auch heute handeln und diese Welt verwandeln wie du in deiner Zeit, wie du in deiner Zeit.

3. Du, lieber Martin, komm, es gibt so viel zu tuen, da dürfen wir nicht ruhen, wir helfen so wie du, wir helfen so wie du.

4. Du, lieber Martin, nimm uns jetzt an beiden Händen, daß wir das Elend wenden bei uns und nebenan, bei uns und nebenan.

5. Du, lieber Martin, komm, daß wir das Teilen wagen und allen damit sagen: Gott hat die Menschen lieb, Gott hat die Menschen lieb.

Text: Thomas Laubach, Melodie: Thomas Quast

C 29 Ein Licht kommt nicht allein

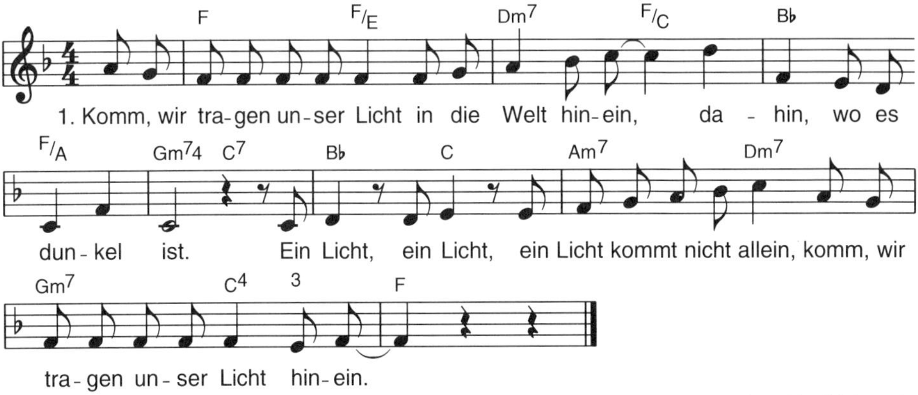

2. Komm, wir tragen unser Licht in die Welt hinaus, dahin, wo es dunkel ist. Ein Licht, ein Licht, ein Licht in jedes Haus, komm, wir tragen unser Licht hinaus.

Text: Hans-Jürgen Netz, Melodie: Christoph Lehmann

C 30 Wir sagen euch an den lieben Advent

2. Wir sagen euch an den lieben Advent. Sehet, die zweite Kerze brennt. So nehmet euch eins um das andere an, wie auch der Herr an uns getan..

Freut euch, ihr Christen, ...

3. Wir sagen euch an den lieben Advent. Sehet, die dritte Kerze brennt. Nun tragt eurer Güte hellen Schein weit in die dunkle Welt hinein.

Freut euch, ihr Christen, ...

4. Wir sagen euch an den lieben Advent. Sehet, die vierte Kerze brennt. Gott selber wird kommen, er zögert nicht. Auf, auf, ihr Herzen, und werdet licht.

Freut euch, ihr Christen, ...

Text: Maria Ferschl 1954, Melodie: Heinrich Rohr 1954

C 31 Was hat wohl der Esel gedacht

2. Und dann lag da vor ihm das Kind, und er dachte: Jetzt sind es schon drei. Was ist das für eine Nacht! Da hält mir das Kind doch zuletzt meine Krippe besetzt, und er polterte völlig aufgebracht: Ich lasse ja manches mit mir geschehen, doch wenn sie mir an mein Futter gehen, ist's mit der Liebe vorbei. Und er dachte an Stallmeuterei.

La la la la la la la ...

3. Er wußte ja nicht, wer es war, den die Frau dort gebar, hatte niemals gehört von Gottes Sohn. Doch wir wissen alle Bescheid, und benehmen uns heut noch genau wie der Esel damals schon. Denn Jesus darf uns nicht vom Schlaf abhalten, nicht unsern liebsten Besitz verwalten. Doch wer ihm die Türen aufmacht, der hat jeden Tag heilige Nacht. Doch wer ihm die Türen aufmacht, der hat jeden Tag heilige Nacht.

Text und Melodie: Manfred Siebald

C 32 Zumba zumba

2. Jeder will ihm etwas bringen, ich aber hab nicht viel Geld. Ich kann dem Kindlein nur singen, hoffen, daß ihm es gefällt.

Zumba, zumba ...

3. Daß sich das Kindlein erfreute, spielten die Hirten ihm vor. Singt nun mit mir, liebe Leute, singt mit den Hirten im Chor.

Zumba, zumba ...

Aus Spanien, Deutscher Text: Liselotte Holzmeister, zu hören auf der Fidula-Cassette 28

C 33 Zu Ostern in Jerusalem

2. Zu Pfingsten in Jerusalem, da ist etwas geschehn. Die Jünger reden ohne Angst, und jeder kann's verstehn. Hört, hört, hört, hört, und jeder kann's verstehn.

3. Zu jeder Zeit, in jedem Land kann plötzlich was geschehn. Die Menschen hören, was Gott will und können sich verstehn. Hört, hört, hört, hört, und können sich verstehn.

Text: Arnim Juhre, Melodie: Karl-Wolfgang Wiesenthal, 1968

C 34 Sonne scheint ins Land hinein

2. Vöglein singen hell und klar, bringen Gott ihr Loblied dar.
Lobet Gott! ...

3. Blumen blühen bunt und schön, lustig sind sie anzusehen.
Lobet Gott! ...

4. Schauet über Berg und Tal, seht den Sommer überall!
Lobet Gott! ...

Autoren unbekannt

C 35 Heut ist ein Tag

2. Heut ist ein Tag, an dem ich lachen kann ...
Ist das nicht ein Tag, an dem ich froh sein kann ...

3. Heut ist ein Tag, an dem ich klatschen kann ...

4. Heut ist ein Tag, an dem ich rennen kann ...

5. Heut ist ein Tag, an dem ich schnarchen kann ...

6. Heut ist ein Tag, an dem ich flöten kann ...

Text: Lele Jöcker, Melodie: Detlev Jöcker
aus: „Heut ist ein Tag, an dem ich singen kann"

C 36 Ich bin so gern bei dir

2. Ich geb' dir meine Hand. Ich geb' dir meine Hand. Und wenn wir zwei zusammen stehn, dann sind wir gleich bekannt, dann sind wir gleich bekannt.

3. Ich geb' dir meinen Arm. Ich geb' dir meinen Arm. Und wenn wir zwei zusammen gehn, dann wird es mir ganz warm, dann wird es mir ganz warm.

4. Komm, leg den Arm um mich! Komm, leg den Arm um mich! Und wenn wir zwei zusammen gehn, weißt du, dann freu' ich mich, weißt du, dann freu' ich mich.

5. So tanze ich mit dir. Und so tanzt du mit mir. Und alle Leute, die das sehn, die machen's so wie wir, die machen's so wie wir!

Text: Rolf Krenzer, Melodie: Ludger Edelkötter
aus: Ich gebe dir die Hände
Rechte im Impulse-Musikverlag, 4406 Drensteinfurt

C 37 Ich frage mich

2. Ich frage mich, ich frage dich: hast du heute Zeit für mich? Zeit, in Ruhe zuzuhören, Zeit, die Welt mir zu erklären — ich frage mich, ich frage dich: hast du heute Zeit für mich?

3. Ich frage mich, ich frage dich: wer hat heute Zeit für mich? Zeit, zu hören, wenn ich singe, Zeit, wenn ich ihm Kummer bringe — Gott hat Zeit, ich freue mich: Gott hat Zeit für mich und dich.

Text: Monika Bohge, Melodie: Christine Schäfer
Rechte bei den Autorinnen

C 38 Im heute und im morgen

2. Im Bangen und im Hoffen ist bei uns unser Gott. Der Himmel, der ist offen, ein Licht in jeder Not.

3. Im Anfang und im Ende ist bei uns unser Gott. Ein Kind, das ist die Wende, bringt Leben in den Tod.

4. Als Bruder und als Schwester ist bei uns unser Gott. Kommt, baun wir Friedensnester und teilen unser Brot.

5. In vielen kleinen Schritten ist bei uns unser Gott. Wir gehen und wir bitten: bleib bei uns, unser Gott.

Text: Hans-Jürgen Netz, Melodie: Peter Janssens

C 39 Schwarze, Weiße, Rote, Gelbe

2. Arm und reich, Gesunde, Kranke, Gott hat sie alle lieb. ...

3. Eltern, Kinder, Lehrer, Schüler, Gott hat sie alle lieb. ...

4. Große, Kleine, Jungen, Mädchen, Gott hat sie alle lieb. ...

Text und Melodie: Kurt Rommel

C 40 Uno, due, tre

2. Quatro, cinque, sei, der Carlo rief nur: Hei! Ich jetzt eure Sprache lern', du mir helfen? Bitte? Gern? Da hab' herzlich ich gelacht und mit Carlo Deutsch gemacht. Quatro, cinque, sei, der Carlo rief nur: Hei!

3. Sette, otto, nove, die Feindschaft ist für Doofe. Sie will nichts vom andern lernen, will von andern sich entfernen. Feindschaft macht die Leute dumm, macht sie krumm und schließlich stumm. Sette, otto, nove, die Feindschaft ist für Doofe.

4. Dieci, das heißt zehn, bis zehn kann ich schon gehn, kann schon italienisch zählen, kann die richt'ge Pizza wählen, kann auch Carlos Lieder singen und ihn oft zum Lachen bringen. Dieci, das heißt zehn, bis zehn kann ich schon gehn.

5. Uno, due, tre, Sprachen tun nicht weh. Wenn einer fremde Sprachen spricht, dann verhöhnt und foppt ihn nicht. Jeder kann, wir wolln's bedenken in seiner Sprache uns beschenken. Uno, due, tre, Sprachen tun nicht weh. Uno, due, tre, Sprachen tun nicht weh.

Text: Josef Reding, Melodie: Ludger Edelkötter
aus: Mach aus Fremden Freunde

C 41 Eine Brücke laßt uns bauen

2. Wie breit soll unsre Brücke sein? Daß Hand in Hand die Menschen schreiten, daß man Blinde kann geleiten, daß man Lahme kann begleiten: so breit soll unsre Brücke sein.

Eine Brücke laßt uns bauen ...

3. Wie lang soll unsre Brücke sein? Daß sie den Abgrund überwindet, daß jedermann den Himmel findet, daß sie die Welt mit Gott verbindet: so lang soll unsre Brücke sein.

Eine Brücke laßt uns bauen ...

Text: Josef Reding, Melodie: Christoph Lehmann

C 42 Du bist da, wo Menschen teilen (Kanon)

Text: Thomas Laubach, Kanon: Thomas Quast

C 43 Wir teilen

2. Wir teilen, wir teilen, wir teilen unser bißchen Geld und helfen Kindern in der Welt. Wir teilen jedes kleine Licht, wir fürchten uns im Dunkeln nicht.

3. Wir teilen, wir teilen, wir teilen auch das warme Kleid und unser Glück und unsre Zeit. Wir teilen jedes kleine Licht, wir fürchten uns im Dunkeln nicht.

4. Wir teilen, wir teilen, wir teilen einen Bissen Brot, so viele Menschen sind in Not. Wir teilen jedes kleine Licht, wir fürchten uns im Dunkeln nicht.

Text: Hans-Jürgen Netz, Melodie: Volksweise

C 44 Wenn der Frühling grünes Gras

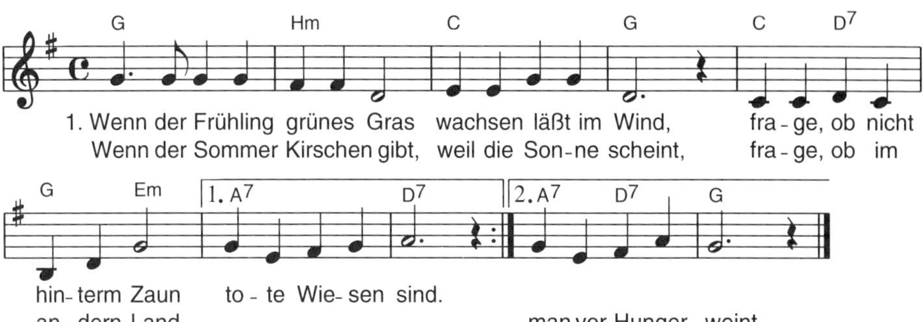

2. Wenn im Herbst die Lichter glühn abends in der Stadt, frage, ob der Nachbar auch helle Fenster hat! Frage, frage Tag und Nacht, denn die Zeit verrinnt, wann die Winter in der Welt voller Wärme sind!

Text: Hildegard Rauchfuß, Melodie: aus Schottland

C 45 Wenn du singst

2. Wenn du lebst, leb nicht allein, hilf andren auch, helfen kann Kreise ziehn.
Zieh den Kreis nicht zu klein ...

3. Wenn du ißt, iß nicht allein, gib andren auch, geben kann Kreise ziehn.
Zieh den Kreis nicht zu klein ...

4. Wenn du liebst, lieb dich nicht allein, steck andre an, lieben kann Kreise ziehn.
Zieh den Kreis nicht zu klein ...

Text und Melodie: Dr. Hans-Georg Surmund
aus: Weitersagen

C 46 Die Regentropfen toben

2. Draußen bellt im Regen der kleine Nachbarhund, und ich darf nicht nach draußen gehen, denn das ist nicht gesund.

Die Regentropfen toben ...

3. Draußen steht im Regen das alte Pferd aus Stein, und ich darf nicht nach draußen gehen, das Pferd bleibt heut allein.

Die Regentropfen toben ...

4. Draußen wird es Abend, der Tag sagt gute Nacht, und ich darf nicht nach draußen gehen, es ist schon nach halb acht.

Die Regentrophen toben ...

Text: Hans-Jürgen Netz, Melodie: Christoph Lehmann
aus: Merkt ihr nix?, 1988
Rechte im tvd-Verlag Düsseldorf

C 47 Komm, wir gehen Wolken schieben

2. Dieser Sommer war verregnet, und der Himmel hat geweint. Da sind Max und Klaus gekommen, lachten, und sie hab'n gemeint:

Komm, wir gehen Wolken schieben ...

3. Manchmal ist die Welt ganz finster, ist ganz dunkel, ist ganz kalt, und in unsren schweren Köpfen da wächst ein Gespensterwald:

Komm, wir gehen Wolken schieben ...

Text: Jutta Richter, Melodie: Ludger Edelkötter
aus: Stacheligel haben's gut, 1990
Rechte im Impulse Musikverlag, 4406 Drensteinfurt

C 48 A wie Augustin

Text: Jürgen Fliege
Melodie: Christoph Lehmann
aus: Wie der Angst ..., 1981

C 49 Daniel

2. Das war der Hab-hab-Habakuk, der kam heran mit einem Ruck, da fiel ein Mann ...

3. Ein großer Engel trug ihn her, das ist für Engel nicht so schwer, da fiel ein Mann ...

4. Er nahm den Habakuk beim Schopf, den Habakuk mit Suppentopf, da fiel ein Mann ...

5. Wenn du einmal im Dunkel sitzt, und so wie mancher Todangst schwitzt, vielleicht fällt was wie Manna vom Himmel, Hosianna!

Text: Wilhelm Willms, Melodie: Eckart Bücken
aus: Schulgottesdienst BE 811

C 50 Mehl im Topf und Öl im Krug

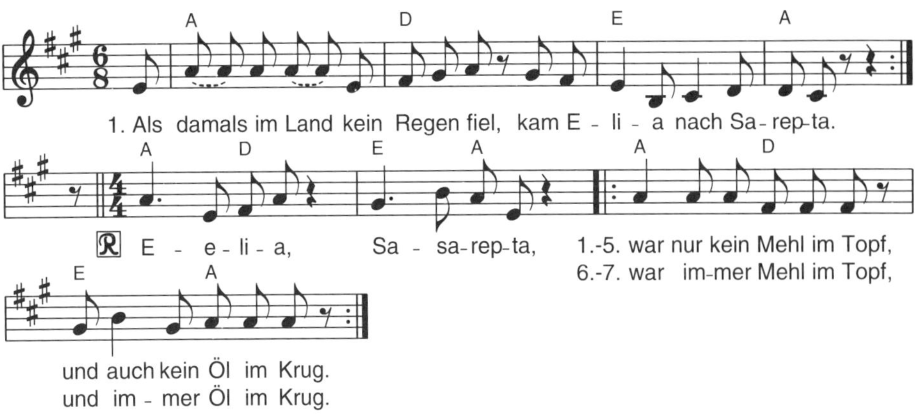

2. Er traf eine Witwe und fragte sie, sag, hast du für mich ein Brot da? E-Elia ...

3. Die Witwe klagte in ihrer Not, weil fast alles aufgebraucht war. E-Elia ...

4. Es gab kaum noch Mehl und wenig Öl, blieb nur Hungern in Sarepta. E-Elia ...

5. Elia sagte, vertrau dem Herrn, warte ab und rühr den Teig an. E-Elia ...

6. Die Witwe ging hin und backte Brot von den Resten für Elia.
E-Elia, Sa-Sarepta, war immer Mehl im Topf und immer Öl im Krug.

7. So hatten sie Mehl und Öl genug bis zum Regen in Sarepta.
E-Elia, Sa-Sarepta, war immer Mehl im Topf und immer Öl im Krug.

Text und Melodie: Eckart Bücken

C 51 Habt ihr schon gehört von Abraham?

2. Habt ihr schon gehört das Gotteswort: Zieh aus deiner Freundschaft fort! Ich will segnen, die dich segnen, strafen, die dir schlecht begegnen. Ist dein Nam' auch arm und klein, soll allem Volk zum Segen sein.

Text und Melodie: Jan Wit, Übersetzung: Jochen Kreiter

C 52 Fünf Brote und zwei Fische

2. Mit Plänen und mit Worten ist noch nicht viel getan. Wir sagen allen weiter: auf jeden kommt es an!

Fünf Brote und zwei Fische ...

3. Gemeinsam schafft man vieles, das wissen wir schon lang. Wir warten nicht bis morgen und fangen einfach an.

Fünf Brote und zwei Fische ...

Text: Hans-Jürgen Netz und Eckart Bücken, Melodie: Christoph Lehmann

C 53 Zachäus

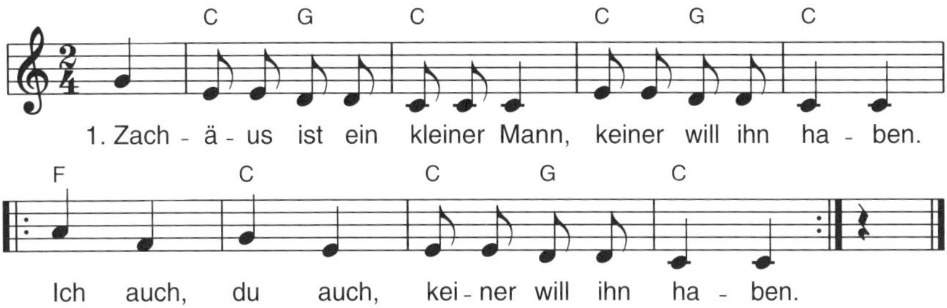

2. Doch Jesus ist ein toller Mann, jeder will ihn sehen. Ich auch, du auch, jeder will ihn sehen.
3. Zachäus sieht den Jesus nicht, er wär' gerne größer. Ich auch, du auch ...
4. Zachäus steigt auf einen Baum, jetzt kann er ihn sehen. Ich auch, du auch ...
5. Und Jesus kommt am Baum vorbei, er spricht: Komm doch runter. Ich auch, du auch ...
6. Da ist Zachäus sehr erstaunt, Jesus will ihn haben. Ich auch, du auch ...
7. Zachäus sagt: Komm in mein Haus, komm, wir wollen essen. Ich auch, du auch ...
8. Zachäus lacht und freut sich sehr, einer will ihn haben. Ich auch, du auch ...
Ich auch, du auch, Jesus will ihn haben. Ich auch, du auch, Jesus will ihn haben.

Text und Melodie: Ludger Edelkötter
In Zusammenarbeit mit MISEREOR, Aachen
aus: Biblische Spiellieder Äthiopien

C 54 Wachmacherlied

Text: Lele Jöcker, Melodie: Detlev Jöcker
aus: MC „1, 2, 3 im Sauseschritt ..."

C 55 Ich darf nie

2. Manchmal möcht ich gern meine Schwester sein, und dann lange fernsehn, so wie sie.
Ich darf nie ...

3. Manchmal möcht ich gern meine Schwester sein, und auch Freunde haben, so wie sie.
Ich darf nie ...

4. Manchmal möcht ich gern meine Schwester sein, immer Schule schwänzen, so wie sie.
Ich darf nie ...

Text: Hans-Jürgen Netz, Melodie: Christoph Lehmann
aus: Merkt ihr nix?, 1988

C 56 Wir werden immer größer

2. Wir werden immer größer, das merkt jedes Schaf. Wir werden immer größer, sogar im Schlaf. Ganz egal, ob's regnet, donnert oder schneit, wir werden immer größer und auch gescheit.

3. Wir werden immer größer, darin sind wir stur. Wir werden immer größer, in einer Tour. Auch wenn man uns einsperrt oder uns verdrischt, wir werden immer größer — da hilft alles nischt.

Text: Volker Ludwig, Melodie: Birger Heymann

C 57 Einmalig-Lied

Dieses Lied ist so schön, daß es nicht ganz einmalig geblieben ist. Viele kennen es mit den hier klein gedruckten Veränderungen. Und damit es nicht so schnell vorbei geht, singen manche einfach noch ein paar Strophen dazu:

2. Du bist du ...
3. Er ist er ...
4. Sie ist sie ...
5. Wir sind wir und das ist richtig: wir sind einmalig, zusammen sind wir noch mehr wichtig ...

Text und Musik: Winfried Radeke

C 58 Immer ich

2. Wer wird mit der Suppe kleckern? Und wer hört euch immer meckern? Wer kriegt wohl am Fahrrad Platten? Und wer Sonnenbrand im Schatten?

Immer ich ...

3. Wer hat Löcher in den Zähnen? Und wer muß schon morgens gähnen? Wer soll wohl den Müll wegbringen? Und wer muß als erster springen?

Immer ich ...

4. Wer läßt wohl die Vase fallen? Und wer rennt am Schluß von allen? Wer reißt Löcher in die Hose? Und wer zieht die Nietenlose?

Immer ich ...

5. Wer muß ganz früh schlafen gehen? Und wer darf den Film nicht sehen? Wer kriegt wohl als erster Schimpfe? Und wer hat die nassen Strümpfe?

Immer ich ...

Text: Hans-Jürgen Netz, Melodie: Holger Clausen
aus: Merkt ihr nix?, 1988

C 59 Stacheligel haben's gut

2. Laßt mich los! Warum nur müssen mich die Großen immer küssen, immer herzen, immer drücken, „Goldschatz!" schreien vor Entzücken?

Stacheligel haben's gut ...

3. Laßt mich los! Warum nur müssen mich die Großen immer küssen, immer mein Gesicht abschlecken? Könnte ich mich bloß verstecken!

Stacheligel haben's gut ...

Text: Silvia Frueh-Keyserling
aus: Stacheligel haben's gut
Rechte im Impulse-Musikverlag, 4406 Drensteinfurt

C 60 Der Gorilla mit der Sonnenbrille

Text und Melodie: Volker Rosin

2. Der Gorilla mit der Sonnenbrille, uhhlala, liebt es laut, und nicht die Stille, uhhlala. Drum gehn sie in die Disco beide, uhhlala. Bille trägt ein Kleid aus Seide, uhhlala.

Seht euch den Gorilla an ...

Aus: Volker Rosin, ITZIBITZ — DIE LIEDERMAUS.
Neue Kinderlieder mit Geschichten im Jahrkreis (S. 31)
DON BOSCO VERLAG München 1990

C 61 Groß und klein

2. Klein ist die Haselnuß, klein ist das Schneckenhaus. Klein ist der Babyfuß, klein ist die Micky-Maus. Doch auch die großen Sachen den Kindern Freude machen. Da wäre zum Beispiel ein großes EIS AM STIEL!

3. Lang ist die Drachenschnur, lang ist der Regenwurm. Lang schläft das Baby nur, lang ist der Fernsehturm. Doch auch die kurzen Sachen den Kindern Freude machen. Da wäre zum Beispiel ein kurzes EIS AM STIEL!

4. Kurz ist das Minikleid, kurz ist ein Mäusezahn. Kurz hat der Papi Zeit, kurz ist die Bimmelbahn. Doch auch die langen Sachen den Kindern Freude machen. Da wäre zum Beispiel ein langes EIS AM STIEL!

5. Hart ist die Gartenbank, hart ist der Pflasterstein. Hart ist's, wenn Papi krank, hart kann das Brot oft sein. Doch auch die weichen Sachen den Kindern Freude machen. Da wäre zum Beispiel ein weiches EIS AM STIEL!

6. Weich ist der Gummischlauch, weich ist das Apfelmus. Weich ist der Baby-Bauch, weich ist ein lieber Kuß. Doch auch die harten Sachen den Kindern Freude machen. Da wäre zum Beispiel ein hartes EIS AM STIEL!

7. Laut ist ein Kinderstreit, laut ist die Blechtrompet. Laut ist's, wenn Baby schreit, laut ist ein Düsen-Jet. Doch auch die leisen Sachen den Kindern Freude machen. Da ruf ich zum Beispiel ganz leis: Ein EIS AM STIEL!

8. Leis tropft der Wasserhahn, leis ist es nachts um drei. Leis will's oft Papi ham, leis flitzt die Laus herbei. Doch auch die lauten Sachen den Kindern Freude machen. Da ruf ich zum Beispiel ganz laut: Ein EIS AM STIEL!

Text und Melodie: Winfried Radeke

C 62 Doof geborn ist keiner

2. Einigen hilft alle Welt, doch den meisten fehlt das Geld: die müssen dauernd kämpfen für ihr Recht. Darum Kinder: aufgepaßt, daß ihr euch nichts gefallen laßt, denn keiner ist von ganz alleine schlecht!

Doof geborn ist keiner ...

Text: Volker Ludwig, Melodie: Birger Heymann
Rechte bei den Autoren

C 63 Herr Präsident

2. Herr Präsident, Herr Präsident, den Frieden, den habt ihr verpennt. Wir Kinder dieser Welt, wir haben ihn beschlossen, denn bis ihr Präsidenten endlich Frieden macht, kriegt die Sonne Sommersprossen, heimlich über Nacht.

3. Herr Präsident, Herr Präsident, den Frieden, den habt ihr verpennt. Wir Kinder dieser Welt, wir schicken Friedensgrüße, denn bis ihr Präsidenten endlich Frieden macht, hat der Eisberg Riesenfüße, heimlich über Nacht.

4. Herr Präsident, Herr Präsident, den Frieden, den habt ihr verpennt. Wir Kinder dieser Welt, wir stellen euch den Wecker, denn bis ihr Präsidenten endlich Frieden macht, fährt die Kuh allein den Trecker, heimlich über Nacht.

Text: Hans-Jürgen Netz, Melodie: Holger Clausen
aus: Merkt ihr nix?, 1988

C 64 Ein lebendiger Stein

2. Jeder Weg zum Frieden ist mit Steinen verbaut, doch den Mut zum Frieden hat, wer Gott vertraut.

Ein lebendiger Stein ...

3. Diesen Mut zum Frieden, den haltet nicht mehr klein, denn den Traum vom Frieden träumt ihr nicht allein.

Ein lebendiger Stein ...

Text: Hans-Jürgen Netz, Melodie: Rainer Ibe
Rechte im tvd-Verlag Düsseldorf

C 65 Kinderfriedenslied

2. Kann sein er ist die Taube, die Blume und der Fisch, kann fliegen, wachsen, schwimmen und kommt an unsern Tisch.

3. Kann sein er ist ein Apfel, ein Sonnenblumenkern, der große Bär am Himmel, ein kleiner Augenstern.

4. Kann sein er ist ein Nachbar, kommt manchmal zu Besuch, kann sein er ist im Brunnen und in dem Bilderbuch.

5. Kann sein er ist ein Bäcker, ein Riese und ein Zwerg, und backt mit allen Kindern den großen Kuchenberg.

6. Kann sein er ist vertrieben und viel zu oft allein, er sucht bei uns die Bleibe und will gehalten sein.

7. Der Frieden, Kind, der Frieden hat auch nach dir gefragt. Wirst du ihn leiden können? Was hast du ihm gesagt?

Text: Hildgard Wohlgemuth, Melodie: Lele Jöcker
Rechte im Menschenkinder Verlag, Münster

C 66 Gib uns Frieden jeden Tag

2. Gib uns Freiheit jeden Tag. Laß uns nicht allein. Laß für Frieden uns und Freiheit immer tätig sein. Denn durch dich, unsern Gott, denn durch dich, unsern Gott, sind wir frei in jedem Land. Laß uns nicht allein!

3. Gib uns Freude jeden Tag. Laß uns nicht allein. Für die kleinsten Freundlichkeiten laß uns dankbar sein. Denn nur du, unser Gott, denn nur du, unser Gott, hast uns alle in der Hand. Laß uns nicht allein!

Text: Kurt Rommel und Rüdiger Lüders, Melodie: Rüdiger Lüders
aus: Neue Kinderlieder BE 807, Gustav Bosse Verlag

C 67 Kindersegen

2. Herr, deine guten Hände sind wie ein großer Hut. Schlagen wird nichts nützen, du willst mich beschützen. Wir sind in deiner Hut ...

3. Herr, deine große Liebe ist wie ein großer Hut. Kann mich keiner riechen, kann ich mich verkriechen. Wir sind in deiner Hut ...

4. Herr, deine guten Worte sind wie ein großer Hut. Froh werd ich ihn tragen, allen weitersagen: wir sind in deiner Hut ...

Text: Jürgen Fliege, Melodie: Oskar Gottlieb Blarr

C 68 In deinem Arm

2. In deinem Arm ist mir nicht kalt, bin ich geborgen und zu Haus. In deinem Arm hab ich Halt, in deinem Arm ruh ich mich aus.

3. In deinem Arm bin ich nicht klein, bin ich geborgen und zu Haus. In deinem Arm ganz allein, in deinem Arm ruh ich mich aus.

4. In deinem Arm ist mir nicht bang, bin ich geborgen und zu Haus. In deinem Arm stundenlang, in deinem Arm ruh ich mich aus.

Text: Hans-Jürgen Netz, Melodie: Holger Clausen
aus: Merkt ihr nix?, 1988

C 69 Schlaf ein, mein Kind

2. Schlaf ein, mein Kind, und lausche dem Lied, es ist für dich, und will dir Gutes sagen: ich laß dich nicht im Stich.

3. Schlaf ein, mein Kind, und lausche dem Traum, der über Nacht trotz Dunkel und Gefahren aus Weinen Lachen macht.

Text: Eckart Bücken, Melodie: Carl-Walter Petersen

D 28 Miteinander

2. Zu manchen Tätigkeiten bedarf es eines Zweiten: so etwa zum begleiten, zum Tratschen und zum Streiten. Auch das Zusammen- Singen soll zweisam besser klingen. Erst recht in Liebesdingen läßt sich zu zweit mehr bringen.

Oli oli ola ...

3. Sodann das Fußballspielen geht immer nur mit vielen, wie auch das Volksfest feiern (und das nicht nur in Bayern). Auch Demonstrationen, wenn sie den Aufwand lohnen, erfordern eine Menge an menschlichem Gedränge.

Oli oli ola ...

4. Im wesentlichsten Falle, da brauchen wir uns alle auf diesem Erdenballe, damit er nicht zerknalle. Schiebt alle Streitigkeiten für eine Weil auf Seiten, und laßt uns drüber streiten dereinst in Friedenszeiten.

Oli oli ola ...

5. Befällt uns das Verzagen, so müssen wir's verjagen, vielleicht zusammen singen, ein Faß zu Ende bringen. Laßt uns zusammen juchzen, und, wenn es sein muß, schluchzen. Der Mensch braucht jede Menge ganz menschliches Gedränge.

Oli oli ola ...

Text: Dieter Süverkrüp, Melodie: aus Italien

D 29 Was sollen wir trinken

2. Dann wollen wir schaffen sieben Tage lang, dann wollen wir schaffen Hand in Hand. Es gibt genug für uns zu tun, darum laßt uns schaffen, jeder packt mit an, wir schaffen zusammen, nicht allein.

3. Erst müssen wir kämpfen, keiner weiß wie lang, erst müssen wir kämpfen für unser Ziel. Und für das Glück von jedermann, dafür heißt es kämpfen, los, fangt heute an, wir kämpfen zusammen, nicht allein.

4. Dann wollen wir trinken sieben Tage lang, dann wollen wir trinken, wir haben Durst. Es ist genug für alle da, darum laßt uns trinken, rollt das Faß herein, wir trinken zusammen, nicht allein.

Text: Bots, Melodie: bretonisch

D 30 Die Freiheit

2. „Nicht füttern!" stand auf einem großen Schild, und: „Bitte auch nicht reizen, da sehr wild!" Erwachsene und Kinder schauten dumm, und nur ein Wärter schaute grimmig und sehr stumm.

3. Ich fragte ihn: „Wie heißt denn dieses Tier?" „Das ist die Freiheit!", sagte er zu mir, „die gibt es jetzt so selten auf der Welt, drum wird sie hier für wenig Geld zur Schau gestellt."

4. Ich schaute und ich sagte: „Lieber Herr, ich seh ja nichts, der Käfig ist doch leer." „Das ist ja gerade", sagte er, „der Gag. Man sperrt sie ein, und augenblicklich ist sie weg!"

5. Die Freiheit ist ein wundersames Tier, und manche Menschen haben Angst vor ihr, doch hinter Gitterstäben geht sie ein, denn nur in Freiheit kann die Freiheit Freiheit sein.

Text und Melodie: Georg Danzer

D 31 Wer jetzig Zeiten leben will

2. Geld nur regiert die ganze Welt, dazu verhilft betrügen; wer sich sonst noch so redlich hält, muß doch bald unterliegen. Rechtschaffen hin, rechtschaffen her, das sind nur alte Geigen; Betrug, Gewalt und List vielmehr, klag du, man wird dir's zeigen.

3. Doch wie's auch kommt, das arge Spiel, behalt ein tapf'res Herze; und sind der Feind auch noch so viel, verzage nicht im Schmerze. Steh gottgetreulich, unverzagt in deiner blanken Wehre; wenn sich der Feind auch an uns wagt, es geht um Gut und Ehre!

Aus dem 17. Jahrhundert

D 32 Unter dem Pflaster liegt der Strand

2. Komm, laß dir nicht erzählen, was du zu lassen hast, du kannst doch selber wählen, nur langsam, keine Hast.

Unter dem Pflaster ...

Unter dem Pflaster ...

4. Dreh dich und tanz, damit sie dich nicht packen, verscheuch sie ganz mit deinem lauten Lachen.

Unter dem Pflaster ...

5. Die größte Kraft ist deine Phantasie, wirf die Ketten weg, und schmeiß sie gegen die,

Unter dem Pflaster ...

6. La la la la ...

Oui, au dessous de pavée est la plage. Oui, au dessous de pavée est la plage.

Text und Melodie: Angi Domdey

D 33 Die auf den Thronen

2. Mit mitleidlosen Händen legen den Sklaven sie die Ketten an, das Geld schützt sie auf ihren Wegen, kein Klagen sie erreichen kann. Ihr Götterreich dem Schlachthof gleich. Noch spieln sie ihre Partitur, doch Sand rinnt unerbittlich durch die Uhr.

3. Und einer kriecht, halbtot geboren, aus Staub und Dreck empor zum Licht, ein Klang von Freiheit in den Ohren, ein Traum von Leben sein Gesicht. Was auch geschieht, er singt sein Lied gegen die höchsten Mauern an, als wüßt er, daß sie nichts mehr retten kann.

Original: Die op hun tronen
Text: Huub Oosterhuis, Melodie: Ignace, Rechte: Goi & Sticht, Hilversum
Übertragung: Diethard Zils

D 34 Es geht ein dunkle Wolk herein

2. Und kommst du liebe Sonn nit bald, so weset all's im grünen Wald, und all die müden Blumen, die haben müden Tod.

3. Es geht ein dunkle Wolk herein; es soll und muß geschieden sein. Ade, Feinslieb, dein Scheiden macht mir das Herze schwer.

Aus dem 30jährigen Krieg (Werlins Liederhandschrift 1646)
Str. 2 und 3: Nachdichtung der bürgerl. Jugendbewegung zu Beginn des 20. Jahrhunderts

D 35 Der Deserteur

2. Seit ich auf Erden bin, sah ich viel Väter sterben, sah Brüder viel verderben, sah weinen manch ein Kind; sah Mütter voller Gram, sie konnten nicht vergessen; sah andre vollgefressen, wohlauf trotz Blut und Schlamm. Sah der Gefangnen Leid: ums Leben nur belogen, um ihre Fraun betrogen, um ihre gute Zeit. Früh, wenn die Hähne krähn, dann schließ ich meine Türen, will tote Jahre spüren und auf die Straße gehn.

3. Dann geht es drauf und dran auf Welle, Wind und Wegen der neuen Welt entgegen, ich rufe jedermann: Lebt euer Leben aus, ringt Furcht und Elend nieder, schießt nicht auf eure Brüder in dieser Erde Haus. Ihr sogenannten Herrn, müßt ihr denn Blut vergießen, so laßt das eure fließen, ihr predigt das so gern. Sagt eurer Polizei, sie würden mich schon schaffen, denn ich bin ohne Waffen, zu schießen steht ihr frei.

Text: J. Slopianka, Melodie: Boris Vian

D 36 Wann ist denn endlich Frieden

2. Die Welt ist so zerrissen und ist im Grund so klein. Wir werden sterben müssen, dann kann wohl Friede sein.

Es blutet die Erde ...

Text und Melodie: Wolf Biermann
aus: "Nachlaß 1" von Wolf Biermann

D 37 If I had a hammer

2. If I had a bell, I'd ring it in the morning, I'd ring it in the evening all over this land, I'd ring out: danger, I'd ring out a warning, I'd ring about the love between my brothers and my sisters, oh, all over this-a land.

3. If I had a song, I'd sing it in the morning, I'd sing it in the evening all over this land, I'd sing out: danger, I'd sing out a warning, I'd sing about the love between my brothers and my sisters, oh, all over this-a land.

4. Now I've got a hammer and I've got a bell, and I've got a song to sing all over this land, it's the hammer of justice, it's the bell of freedom, it's the song about the love between my brothers and my sisters, oh, all over this-a land.

Text und Musik: Lee Hays und Pete Seeger

D 38 Peace is the way

Text: Martin Luther King, Melodie: Fritz Baltruweit

D 39 Das weiche Wasser

3. (Mel II) Raketen stehn vor unsrer Tür, die solln zu unserm Schutz hier sein. Auf solchen Schutz verzichten wir, das weiche Wasser bricht den Stein.

Es reißt die schwersten Mauern ein ...

4. (Mel II) Die Rüstung sitzt am Tisch der Welt, und Kinder, die vor Hunger schrein. Für Waffen fließt das große Geld, doch weiches Wasser bricht den Stein.

Es reißt die schwersten Mauern ein ...

5. (Mel I) Komm, feiern wir ein Friedensfest und zeigen, wie sich's leben läßt. Mensch! Menschen können Menschen sein, das weiche Wasser bricht den Stein.

Es reißt die schwersten Mauern ein ...

Text: Günther Wallraff, Dieter Hildebrandt, Hanns-Dieter Hüsch, Dieter Dehm,
Melodie: Traditional, Hans Sanders

D 40 Bürgerlied

2. Ob wir können präsidieren, oder müssen Akten schmieren ohne Rast und ohne Ruh; ob wir just Collegia lesen, oder aber binden Besen, das tut, das tut nichts dazu.

3. Ob wir stolz zu Rosse reiten, oder ob zu Fuß wir streiten fürbaß unserm Ziele zu; ob uns Kreuze vorne schmücken, oder Kreuze hinten drücken, das tut, das tut nichts dazu.

4. Aber ob wir Neues bauen, oder Altes nur verdauen, wie das Gras verdaut die Kuh; oder ob wir in der Welt was schaffen, oder nur die Welt begaffen, das tut, das tut was dazu.

5. Ob wir rüstig und geschäftig, wo es gilt zu wirken kräftig, immer tapfer greifen zu; oder ob wir schläfrig denken: „Gott wird's wohl im Schlafe schenken", das tut, das tut was dazu.

6. Ob im Kopfe etwas Grütze und im Herzen Licht und Hitze, daß es brennt in einem Nu; oder ob wir hinter Mauern stets im Dunkeln träge kauern: das tut, das tut was dazu.

7. Drum, ihr Bürger, drum ihr Brüder, alles eines Bundes Glieder: was auch jeder von uns tu — alle, die dies Lied gesungen, so die Alten wie die Jungen, tun wir, tun wir was dazu.

Text: überliefert seit März 1845, Melodie: Volklied (Prinz Eugen)

D 41 Probealarm

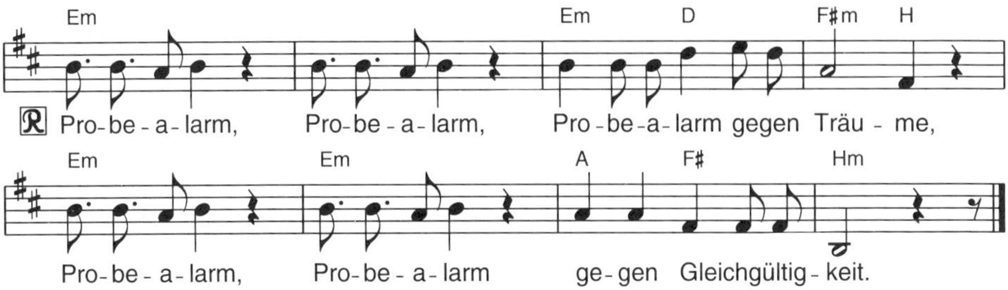

2. Wir schlafen mit unseren Händen, und einer kommt und schreibt: Ich schreibe dir vor, was zu tun ist, daß alles beim alten verbleibt.

Probealarm ... gegen Untätigkeit.

3. Wir schlafen mit unseren Ohren, und einer kommt und hört: Mit Feldgeschrei und Posaunen wird Jericho wieder zerstört.

Probealarm ... gegen Schwerhörigkeit.

4. Wir schlafen mit unsren Gedanken, und einer kommt und denkt: Mein Kopf denkt für dich und für alle, so werden die Massen gelenkt.

Probealarm ... gegen Kopflosigkeit.

5. Wir schlafen mit unseren Herzen, und einer kommt und träumt: Die Engel des Herrn bringen Brote und haben den Haß weggeräumt.

Probealarm ... gegen Lieblosigkeit.

6. Wir schlafen mit unseren Augen, und einer kommt und sieht, daß wieder lebendige Unschuld im Feuerofen verglüht.

Probealarm ... gegen Unmenschlichkeit.

Text: Hildegard Wohlgemuth, Melodie: Klaus Moje
aus: Neue geistliche Lieder BE 803
Gustav Bosse Verlag

D 42 Du bist

2. Du bist ein Schatz mit tausend Farben, dein Atem streicht so warm trotz kalter Zeit bis in die Winkel. Die Liebe hält dich sanft im Arm.

3. Du bist ein Bild der großen Güte, gemalt aus Zärtlichkeit, sie sagt dir leise ihren Namen. Die Liebe bleibt in Ewigkeit.

Text: Eckart Bücken, Melodie: Thomas Quast
Rechte im tvd-Verlag Düsseldorf

D 43 Schalom (Kanon)

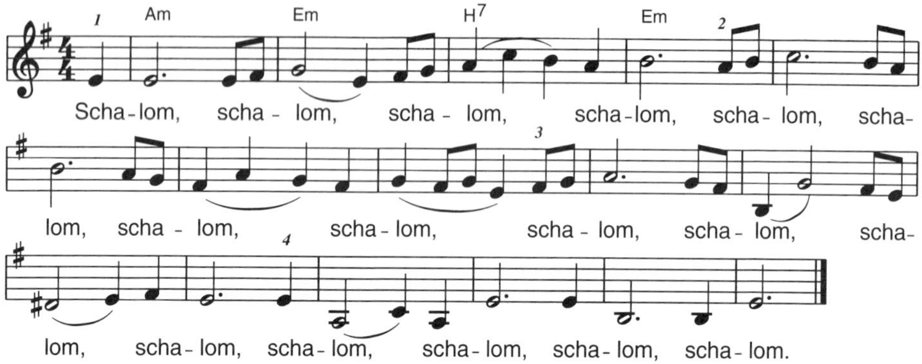

Text: (hebräisch: Friede), Kanon: Heinz Martin Lonquich, Köln

D 44 Rosenlied

2. Eine kleine Rose wächst, grünt und blüht auf Stacheldraht, auf Stacheldraht. Sie ist ein kleines winziges Zeichen in der Härte dieser Zeit. Dieses kleine Rosenzeichen geb ich dir, geb ich dir mit auf den Weg.

3. Eine kleine Rose — nimm sie nun mit in deinen Tag, in deinen Tag. Sie ist ein kleines winziges Zeichen in der Kälte dieser Zeit. Dieses kleine Rosenzeichen geb ich dir, geb ich dir. Gott segne dich.

Text: Hans-Jürgen Netz, Melodie: Oskar Gottlieb Blarr
aus: Wenn der Stacheldraht blüht, 1981

D 45 Pilgerlied

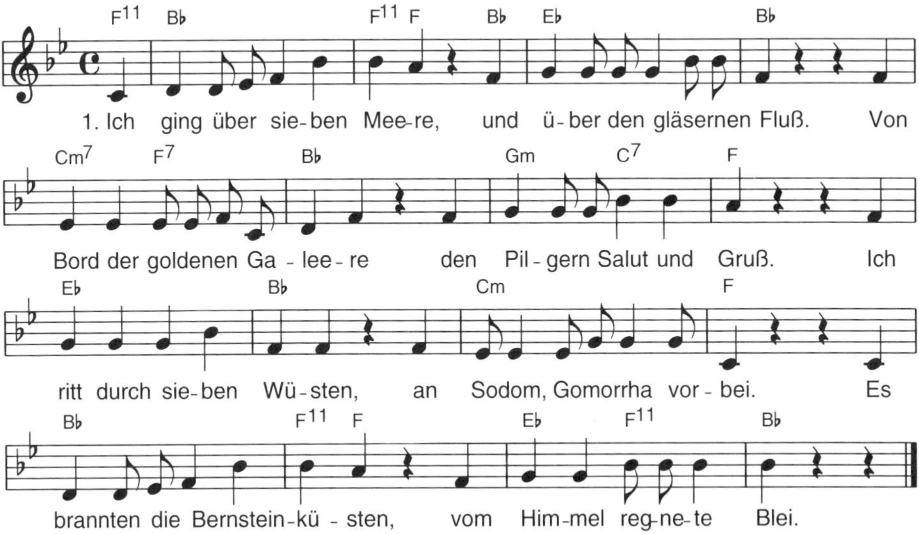

2. Und als ich kam gekrochen vor das Tor der großen Stadt, war mir das Rückgrat gebrochen, das ein guter Prophete hat. Ich sollte ein Wörtlein sagen, das keiner zu sagen gewagt. Sie gingen mir an den Kragen, da hab ich das Wort nicht gesagt.

3. Jetzt heule ich mit den Wölfen, und ich heule wunderschön, längst zähl ich nicht mehr zu den Zwölfen, die mit dem Menschensohn gehn. Der ist wohl weiter gegangen zu Wasser, zu Land, in der Luft. Mich halten die Bürger gefangen in klimatisierter Gruft.

4. Da ist die Hitze vergessen und die erste Liebe auch. Was tut der Mensch nicht fürs Fressen und für einen sanften Bauch. Habt acht, ihr fahrenden Brüder, grüßt mir den Menschensohn. Ich pfeif kapitale Lieder und warte auf meine Pension.

5. Ich ging über sieben Flüsse, durchschritt das gläserne Meer. Meine klirrenden Pilgerfüße, die wiegen zentnerschwer. Vielleicht kommt er wirklich wieder, der Rabbi mit Brot und Fisch, und läßt sich neben mir nieder und lädt mich an seinen Tisch.

Text: Peter Beier, Melodie: Peter Janssens
aus: Wann kommt der Tag, 1978

D 46 Und als wir ans Ufer kamen

2. Was wird bloß aus unsern Träumen in diesem zerrissnen Land? Die Wunden wollen nicht zugehn unter dem Dreckverband. Und was wird mit unsern Freunden, und was noch aus dir, aus mir? Ich möchte am liebsten weg sein, und bleibe am liebsten hier, am liebsten hier.

Text und Melodie: Wolf Biermann
aus: "Preußischer Ikarus" von Wolf Biermann

D 47 Das Lied von der Unzulänglichkeit menschlichen Strebens

2. Ja, mach nur einen Plan. Sei nur ein großes Licht! Und mach dann noch 'nen zweiten Plan, gehn tun sie beide nicht. Denn für dieses Leben ist der Mensch nicht schlecht genug. Doch sein höh'res Streben ist ein schöner Zug.

3. Ja, renn nur nach dem Glück, doch renne nicht zu sehr! Denn alle rennen nach dem Glück, das Glück rennt hinterher. Denn für dieses Leben ist der Mensch nicht anspruchslos genug. Drum ist all sein Streben nur ein Selbstbetrug.

4. Der Mensch ist gar nicht gut, drum hau ihn auf den Hut. Hast du ihn auf den Hut gehaut, dann wird er vielleicht gut. Denn für dieses Leben ist der Mensch nicht gut genug. Darum haut ihn eben ruhig auf den Hut.

Text: Bert Brecht, Melodie: Kurt Weill, aus: Dreigroschenoper

D 48 Die Moritat von Mackie Messer

2. Ach, es sind des Haifischs Flossen rot, wenn dieser Blut vergießt. Mackie Messer trägt 'nen Handschuh, drauf man keine Untat liest.

3. An der Themse grünem Wasser fallen plötzlich Leute um. Es ist weder Pest noch Cholera, doch es heißt: Macheath geht um.

4. An 'nem schönen blauen Sonntag liegt ein toter Mann am Strand, und ein Mensch geht um die Ecke, den man Mackie Messer nennt.

5. Und Schmul Meier bleibt verschwunden und so mancher reiche Mann, und sein Geld hat Mackie Messer, dem man nichts beweisen kann.

6. Jenny Towler ward gefunden mit 'nem Messer in der Brust, und am Kai geht Mackie Messer, der von allem nichts gewußt.

7. Wo ist Alfons Gleit, der Fuhrherr? Kommt das je ans Sonnenlicht? Wer es immer wissen könnte, Mackie Messer weiß es nicht.

8. Und das große Feuer in Soho, sieben Kinder und ein Greis — in der Menge Mackie Messer, den man fragt und der nichts weiß.

9. Und die minderjährige Witwe, deren Namen jeder weiß, wachte auf und war geschändet. — Mackie, welches war dein Preis?

Text: Bert Brecht, Melodie: Kurt Weill, aus: Dreigroschenoper

D 49 La Marmotte

2. Ich hab gesehn gar manchen Herrn, avec que la marmotte, der hat die Jungfrau gar zu gern, avec que la marmotte.

Avec que si ...

3. Hab auch gesehn die Jungfer schön, avec que la marmotte, die täte nach mir Kleinem sehn! Avec que la marmotte.

Avec que si ...

4. Nun laßt mich nicht so gehn, ihr Herrn, avec que la marmotte, die Burschen essen und trinken gern, avec que la marmotte.

Avec que si ...

Text: Johann Wolfgang von Goethe, Melodie: Ludwig van Beethoven

D 50 Wolken bei Wind

2. Sind darunter allerlei seltsame Gestalten. Eilig ziehen sie vorbei, keiner kann sie halten.

3. Hier ein dicker, weißer Wal, dort ein Pferd mit Mütze, und dazwischen immer mal eine blaue Pfütze.

4. Treibt ein krummer Kerl heran, ist ein Hirt mit Schafen: neunzehn Schäfchen — ja, und dann bin ich eingeschlafen.

Text: Bernd Grunzin, Melodie: Jens-A. Bose
Rechte im Voggenreiter-Verlag, Bonn-Bad Godesberg

D 51 Puff, the magic dragon

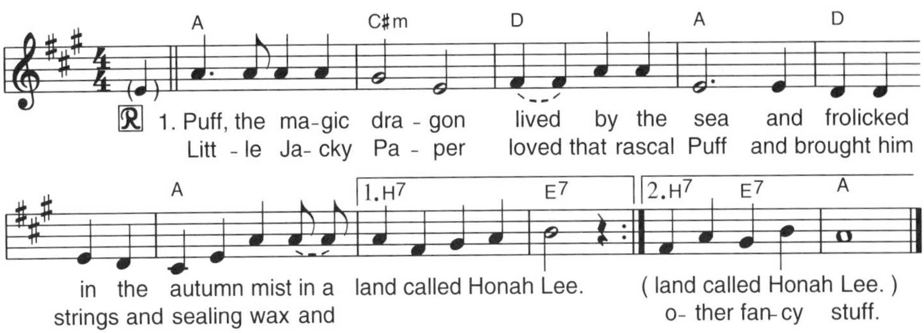

2. Together they would travel on a boat with billowed sail. Jacky kept a lookout perched on Puff's gigantic tail. Noble kings and princes would bow, whene'er they came. Pirate ships would lower their flags when Puff roared out his name.

Puff, the magic dragon ...

3. A dragon lives forever, but not so little boys. Painted wings and giant rings make way for other toys. One grey night it happened, Jacky Paper came no more, and Puff, that mighty dragon, he ceased his fearless roar.

Puff, the magic dragon ...

4. His head was bent in sorrow, green scales fell like rain, Puff no longer went to play along that cherry lane. Without his life-long friend Puff could not be brave, so Puff, that mighty dragon, sadly slipped into his cave.

Puff, the magic dragon ...

Text: Leonhard Lipton, Melodie: Peter Yarrow
Rechte für Deutschland: Neue Welt Musikverlag, München

D 52 Greensleeves

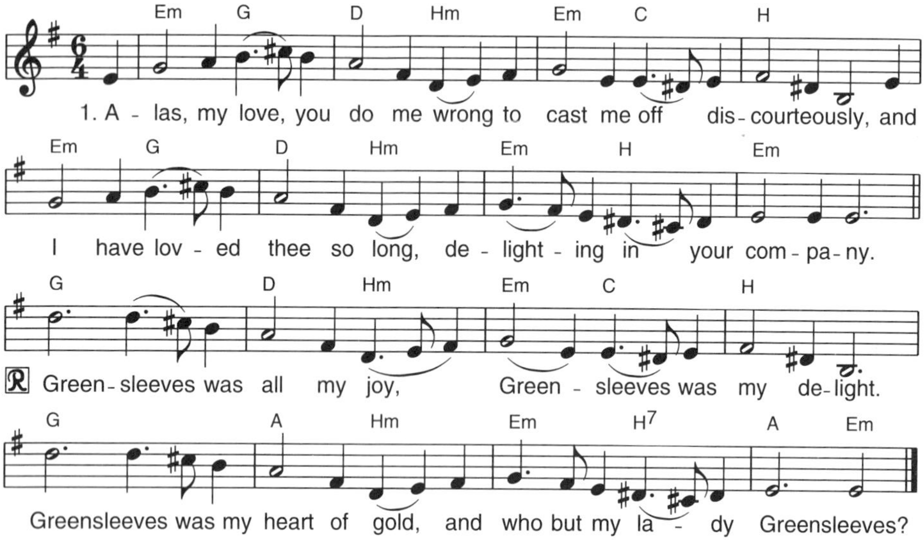

2. If thou intendst thus to disdain, it does the more enrapture me, and even so, I still remain a lover in captivity. Greensleeves ...

3. Alas, my love, that thou shouldst own a heart of wanton vanity, so I must meditate alone upon your insincerity. Greensleeves ...

4. Ah, Greensleeves, now farewell, adieu, to God I pray to prosper thee, for I am still thy lover true, come once again to cherish me! Greensleeves ...

Englisches Volkslied

D 53 Un as der rebe singt

2. Un as der rebbe tanzt, tanzen alle Chassidim. Hoppa, hoppa hej, hoppa,hoppa hej, tanzen alle Chassidim.

3. Un as der rebbe trinkt, trinken alle Chassidim, gluck-gluck-gluck-gluck-gluck, gluck-gluck-gluck-gluck-gluck, trinken alle Chassidim.

4. Un as der rebbe lacht, lachen alle Chassidim, hahahahaha, hahahahaha, lachen alle Chassidim.

5. Un as der rebbe pfeift, pfeifen alle Chassidim, (...), pfeifen alle Chassidim.

6. Un as der rebbe schimpft, schimpfen alle Chassidim, bubububububu, bubububububu, schimpfen alle Chassidim.

7. Un as der rebbe woint, woinen alle Chassidim, oj oj oj oj oj, oj oj oj oj oj, woinen alle Chassidim.

8. Un as der rebbe schläft, schlafen alle Chassidim, (...), schlafen alle Chassidim.

9. Un as der rebbe schweigt, schweigen alle Chassidim, (...), schweigen alle Chassidim.

jiddisches Volkslied

D 54 Dem milners treren

2. S'is teg farhanen 'ch wel mich darmonen tsu'ch hob gehat a shtikl glik. Di reder drejen sich, die jorn gejen sich, kajn entfer is nit do tsurik.

3. 'ch hob gehert sogn, men wel mich farjogn arojs fun dorf un fun der mil. Di reder drejen sich, die jorn gejen sich, oj, on a ek un on a tsil.

4. Fun glik fartribn bin ich geblibn, on wajb un kind o do alejn. Di reder drejen sich, die jorn gejen sich, un ejlent bin ich wi a shtejn.

5. Wu wel ich wojnen, wer wed mich shojnen, ich bin shojn alt un bin shojn mid. Di reder drejen sich, die jorn gejen sich, un ojs mit sej gejt ojs der jid.

Text und Melodie: Mark Warshawsky (1848-1907)

Die Tränen des Müllers: Seit Jahren bin ich hier der Müller, jetzt bin ich alt und grau. Manchmal denke ich daran, daß ich auch glückliche Tage sah, aber jetzt soll ich mein Dorf und meine Mühle verlassen. Ohne Weib und Kinder lebe ich elend, wo soll ich hin, wer wird sich meiner erbarmen? Ich bin alt und müde. Das Mühlrad dreht sich weiter, die Jahre vergehen, und mit der Zeit wird auch mein Ende kommen, vielleicht auch das Ende meines Volkes.

D 55 Der rebe Elimejlech

2. Un as der rebe Elimejlech is geworn noch mer frejlech, is geworn noch mer frejlech Elimejlech, hot er obgemacht Hawdole mit'n shames reb Naftole un geshikt noch di tsimbler, di zwej.

Un di tsimbldike tsimbler hobn tsimbldik getsimblt ...

3. Un as der Rebe Elimejlech is geworn gor stork frejlech, is geworn gor stork frejlech Elimejlech, hot er ojsgeton di Kapote, hot gesogt: 'sis ales blote un geshikt noch di pojkler, di zwej.

Un di pojkldike pojkler hobn pojkldik gepojklt ...

jiddisches Volkslied

Der Rabbi Elimelech: Wenn der Rabbi sehr fröhlich wurde, zog er seinen Kittel aus, setzte seinen Hut auf und schickte nach den zwei Fiedlern. (Während des Refrains hat er sicherlich getanzt.) Und wenn der Rabbi noch fröhlicher wurde, betete er mit seinem Küster Naftole das Gebet, das den Sabbat vom Rest der Woche trennt: Hawdolä, und schickte nach den beiden Zimblern. Wenn aber der Rabbi sehr, sehr fröhlich wurde, zog er seinen Mantel aus und sagte, es ist alles egal, und schickte nach den beiden Paukenspielern.

**) Die Fermaten gelten nur für die Strophen. Im gefidlten, getsimblten und gepojklten Refrain wird munter drauflosmusiziert.*

Inhaltsverzeichnis

Liturgien

Von Jahr zu Jahr

Von Tag zu Tag

Texte zum Beten und Nachdenken

Gebete

Gebete der Völker

Bekenntnisse

Denkanstöße

Irische Segenssprüche

Segen

Die Lieder

Alphabetisches Inhaltsverzeichnis

Thematisches Inhaltsverzeichnis

Sanctus

Schöpfung s. Umwelt

Segen

Spiel und Spaß

St.Martin / Sternsinger

Tageszeiten

Taufe

Trauer

Trauung s. Liebe

Trost

Umkehr / Buße

Umwelt / Schöpfung

Vergänglichkeit

Verheißung

Vertrauen

T R A N S P O S I T I O N S - T A B E L L E

Ein Beispiel: Das Lied steht in B♭, ich will es in D spielen. Ich suche die (senkrechten) Spalten B♭ und D heraus. Die sich entsprechenden Tonarten stehen sich nun auf gleicher Höhe gegenber, also: Cm wir Em, E♭ wird G, usw.

Vorzeichen:	3♭	2♭	1♭		1♯	2♯	3♯	4♯
Tonart (Dur):	E♭	B♭	F	C	G	D	A	E
(moll):	Cm	Gm	Dm	Am	Em	Hm	F♯m	C♯m
	E♭	B♭	F	C	G	D	A	E
	F	C	G	D	A	E	H	F♯
	G	D	A	E	H	F♯	C♯	G♯
	A♭	E♭	B♭	F	C	G	D	A
	B♭	F	C	G	D	A	E	H
	C	G	D	A	E	H	F♯	C♯
	D	A	E	H	F♯	C♯	G♯	D♯

Zusatzinformationen bleiben erhalten, z.B.:

C wird D
Cm wird Dm
C^{mj7} wird D^{mj7}

Mein Liederbuch - für heute und morgen

ist der Vorgänger von „Oekumene heute“, dem Liederbuch, das Sie in der Hand halten. Es ist immer noch da und immer noch heiß begehrt.
1981 erschienen, enthält es die wichtigsten und schönsten neuen geistlichen Lieder, die in den sechziger und siebziger Jahren entstanden sind, dazu natürlich auch die Abteilungen Choräle, Kinderlieder und Lieder für alle Gelegenheiten.

215 Lieder insgesamt stehen drin, außerdem viele Liturgievorschläge für den Familien-, Jugend- oder Schulgottesdienst, Texte zum gemeinsamen Beten oder zum Meditieren und Nachdenken.
Auch dieses Liederbuch gibt es als Noten- und als Textausgabe für alle die, denen das Notenlesen eine fremde Wissenschaft ist. Staffelpreise erleichtern die Anschaffung für größere Kreise.

Mein Liederbuch für heute und morgen

Notenausgabe tvd 8100.1 (ISBN 3-926512-00-8)
Textausgabe tvd 8100.2 (ISBN 3-926512-01-6)

Mein Kanonbuch

erschien 1986 und enthält fast 500 Kanons für alle Gelegenheiten innerhalb und außerhalb der Kirchenmauern.
Es entstand als Koproduktion mit dem Deutschen Katechetenverein München und umfaßt somit Kanons, die dem liturgischen Bedarf beider Konfessionen gerecht werden. Ein Stichwortverzeichnis erleichtert die Suche nach einem geeigneten Kanon für jede Gelegenheit. Denn Kanons werden immer gebraucht, sind sie doch die einfachste Möglichkeit, in Gruppen jeder Größe mehrstimmig zu singen.
Viele Kanons sind sehr leicht erlernbar, andere sind dabei, die ein etwas sorgfältigeres Einüben erfordern - eine willkommene Bereicherung für das Repertoire der Chöre und eine spannende Herausforderung für die weniger geübte Gemeinde.

Mein Kanonbuch

tvd 8600.1 (ISBN 3-926512-03-2)